Kenkyu Sosho No.617

研究双書

変容する中国・国家発展改革委員会

機能と影響に関する実証分析

佐々木　智弘：編

IDE-JETRO アジア経済研究所

研究双書　No. 617

佐々木智弘　編『変容する中国・国家発展改革委員会
───機能と影響に関する実証分析───』

**Henyō Suru Chūgoku "Kokka Hatten Kaikaku Iinkai":
Kinō to Eikyō ni Kannsuru Jisshō Bunseki**
(National Development and Reform Commission in China's Policy Process: Role and Influence)

Edited by
Norihiro SASAKI

Contents

Introduction: NDRC under the Market-Oriented Economic Reform in China
　　　　　　　　　　　　　　　　　　　　　　　　　　　　（Norihiro SASAKI）

Chapter 1:　The Role and its Transition of NDRC
　　　　　　　　　　　　　　　　　　　　　　　　　　　　（Naoto WATANABE）

Chapter 2:　NDRC in the Industrial Policy Process: From the 1990's to the Early 2000's
　　　　　　　　　　　　　　　（Zhao Ying）（Translation: Norihiro SASAKI）

Chapter 3:　NDRC's Participation in Industrial Policy for Physical Distribution
　　　　　　　　　　　　　　　　　　　　　　　　　　　　（Yasuo ONISHI）

Chapter 4:　The National Development and Reform Commission's Involvement in Political Issues Relating to Ethnic Groups' Regional Development Projects.
　　　　　　　　　　　　　　　　　　　　　　　　　　　　（Masahiro HOSHINO）

Chapter 5:　The Relation of NDRC-Local Government in the 2008 Great Sichuan Earthquake
　　　　　　　　　　　　　　　　　　　　　　　　　　　　（Naoto WATANBE）

〔Kenkyu Sosho (IDE Research Series) No. 617〕
Published by the Institute of Developing Economies, JETRO, 2014
3-2-2, Wakaba, Mihama-ku, Chiba-shi, Chiba 261-8545, Japan

まえがき

　本書は，2012年度と2013年度の2年間，日本貿易振興機構アジア経済研究所が実施した「中国・国家発展改革委員会の権力構造」研究会の成果です。

　2014年10月，中華人民共和国が建国65周年を迎えました。それは，中国共産党の一党支配体制が65年続いていることを意味しています。この体制がなぜこんなに長きにわたり続いているのか。中国研究者のみならず多くの研究者がこの命題の解明に取り組んでいます。

　本研究会もこの命題の解明に取り組もうと組織されました。そして共産党の一党支配を支えてきた重要なアクターのひとつとして，国家発展改革委員会（その前身は国家計画委員会，国家発展計画委員会）に焦点をあて，その権力構造の解明を試みようとしました。

　研究会に参加した各委員は，これまで自らが専門的に研究してきた分野に関連した事例研究に取り組み，国家発展改革委員会，地方の発展改革委員会の役割を明らかにしました。他方，ひとえに編者の準備不足，力不足により，国家発展改革委員会の権力構造の十分な分析にまで至らなかった点は心残りです。今後の課題として，引き続き取り組んでいきたいと思います。

　しかし，本書刊行を通じて成果が世に問われることを，委員一同，大変うれしく思っています。読者の方々よりご意見ご批判を賜れば幸いです。

　最後に，委員一同，本成果に対し丁寧にコメントしていただいた2名の査読者の方に心よりお礼申し上げます。また，非常に丁寧に編集作業をしていただいた研究支援部出版企画編集課の井村進氏に対し，心よりお礼申し上げます。

2015年1月

編　者

目　次

まえがき

序　章　本研究のねらいと成果の概要 …………………佐々木智弘……3
　第1節　問題の所在 ……………………………………………………3
　第2節　各章の位置づけと概要 ………………………………………6
　第3節　本研究から示唆されること …………………………………10

第1章　国家発展改革委員会の機能とその変遷 …………渡辺直土……13
　はじめに ………………………………………………………………13
　第1節　現代中国の行政改革の沿革 …………………………………14
　第2節　国家発展改革委員会の変遷 …………………………………21
　第3節　日本の経済官庁との比較 ……………………………………32
　おわりに ………………………………………………………………33

第2章　産業政策の策定と実施における国家発展改革委員会の地位と
　　　　役割 ……………………………趙　英（監訳：佐々木智弘）……39
　はじめに ………………………………………………………………39
　第1節　計画経済体制の変革と政府機構の役割 ……………………40
　第2節　国家発展改革委員会への改組と産業政策の策定と実施における
　　　　権限 …………………………………………………………47
　第3節　産業政策の策定と実施における国家発展改革委員会の主導権の
　　　　相対的低下 …………………………………………………52

第 4 節　事例研究──新エネルギー自動車の産業政策の策定と実施──
　　　　　………………………………………………………………… 55
　第 5 節　産業政策の策定，実施過程での駆け引き ……………… 61
　おわりに──今後の見通し── ………………………………………… 65

第 3 章　国家発展改革委員会と産業政策──物流業政策をケース
　　　　　として── ………………………………… 大西康雄 …… 69
　はじめに ………………………………………………………………… 69
　第 1 節　産業政策における物流業 ……………………………………… 70
　第 2 節　物流業政策における発改委と主管官庁，地方政府 ………… 74
　第 3 節　物流行政体制と協調の実態 …………………………………… 80
　第 4 節　発改委と業界団体 ……………………………………………… 86
　おわりに ………………………………………………………………… 91

第 4 章　国家発展改革委員会における政治的課題としての民族地域振
　　　　　興策への関与 ………………………………… 星野昌裕 …… 95
　はじめに ………………………………………………………………… 95
　第 1 節　民族地域振興策における政治的課題とは何か ……………… 96
　第 2 節　国家民族事務委員会から国家発展改革委員会に提出された
　　　　　西部大開発の実施状況に関する報告内容にみる政治的課題
　　　　　との関連 ……………………………………………………… 103
　第 3 節　新疆ウイグル自治区および新疆生産建設兵団から国家発展改革
　　　　　委員会に提出された西部大開発の実施状況に関する報告内容に
　　　　　みる政治的課題との関連 …………………………………… 107
　第 4 節　民族地域振興策の政治的課題に対する発展改革委員会の
　　　　　関与の限定性 ………………………………………………… 113
　おわりに ……………………………………………………………… 120

第5章　2008年四川大地震後の復興活動において国家および地方の発
　　　　展改革委員会の果たした役割 ………………… 渡辺直土 …… 127
　はじめに ………………………………………………………………… 127
　第1節　復興体制の構築 ……………………………………………… 127
　第2節　物価調整 ……………………………………………………… 131
　第3節　その他の復興活動 …………………………………………… 139
　おわりに ………………………………………………………………… 141

索　引 ……………………………………………………………………… 149

変容する中国・国家発展改革委員会

序　章

本研究のねらいと成果の概要

佐々木　智弘

第1節　問題の所在

1．現状把握

　中短期的な中国の政治的安定は，中国共産党の一党支配体制が安定するかどうかにかかっている。この安定を保証する最も重要な要素は経済成長にある。そのため，中国共産党にとって，経済成長を維持していくためにいかに経済運営を行うか，経済政策の策定は重要な作業である。そして，中国の経済成長が世界経済をけん引している現在では，国際社会も中国の経済政策に大きな関心を寄せている。しかし，中国において経済政策が決定される際に，誰が，どの機関が重要な役割を果たしているかということは，中国共産党による一党支配という特殊な政治体制であるが故に，他の国に比べ不透明であることは否定できない。

　経済政策の策定過程をいくつかのレベルに分類するとき，たとえばマクロ経済政策の場合，経済成長を加速させるか，減速させるかといった目標設定レベルにおいては，中国共産党中央や国務院（日本の行政府に相当）の指導者がその決定に重要な役割を果たす。他方，目標設定レベルでの決定に基づく個別の政策（金融政策や財政政策）を策定する基本設計レベルでは（時に基本設計レベルでの決定が目標設定レベルに実質的に影響を与える），国務院の部・

委員会（日本の中央官庁）が重要な役割を果たす。そして，それにかかわる中央官庁は分野によって異なるが，ほぼすべての分野にかかわり，しかも多くの場合最も重要な役割を果たしているのが「国家発展改革委員会」である。

中国共産党全国代表大会（党大会）後の最初の全国人民代表大会（全人代）会議では国務院機構改革案が採択されるが，2013年3月に開催された第12期全人代第1回会議においても採択された。これに関連し，国家発展改革委員会の杜鷹副主任は次のように語った。「国家発展改革委員会は『小国務院』を形成することはできない」と述べ，国家発展改革委員会に権力が集中しているとの批判に応えた。他方，ネット上では「国家発展改革委員会の改革がなければ，機構改革ではない」との国家発展改革委員会の在り方に対する意見もみられた。このことは，国家発展改革委員会の現在の影響力がいかに大きいかを表すエピソードである。

現在の中国における経済政策の策定過程で国家発展改革委員会が最も重要な役割を果たしていると，中国国内のみならず，海外の中国関連の政策担当者，企業関係者，専門家の間でよくいわれる。しかし，それらはほとんどの場合，個別の体験に基づく印象論の域を出るものではなく，実証的な研究はきわめて少ない。そのため，現在の中国における経済政策の策定過程で国家発展改革委員会の重要性が検証される必要があると考える。

本書では，あらゆる経済分野に関与する国家発展改革委員会が政策過程において，どのように影響力を行使しているか。制度の分析，ケーススタディーを通じて明らかにする。

2．学術的意義

他方，国家発展改革委員会を研究することは，現状把握にとどまらず，中国の官僚制研究に対する学術的な意義を有している。

限られた資源をいかに配分するかという毛沢東時代の計画経済体制下での最も重要な経済運営において，巨大な権限を有し，最も重要な役割を果たし

たのが国家発展改革委員会の前身である国家計画委員会だった。

　しかし，1978年の中国共産党第11期中央委員会第3回全体会議で，改革・開放に舵が切られ，事実上の市場経済化の道を歩み始め，次第に計画経済色は薄れていった。1990年代には，国家経済貿易委員会のようなマクロ経済関連官庁が新設され，台頭し，国家計画委員会の存在意義も疑問視され，廃止論もみられるようになった。

　しかし，実際には国家計画委員会は，国家発展計画委員会，国家発展改革委員会へと名称を変え，現在まで存続している。この変遷の詳細は第1章，第2章に譲るが，計画経済を象徴するこの官僚組織が，計画経済システムから社会主義市場経済システムへの転換の過渡期における経済運営でも最も重要な役割を果たす官僚組織になっている。このことは，計画経済の終焉を象徴するとともに，市場経済への適応を示すものだった。それは，市場経済システムの導入に伴い，マクロ経済コントロールの重要性が高まるなかで，国家発展改革委員会はマクロ経済コントロールを主要任務とし，存続の危機を脱し，今では「スーパー官庁」といわれるほどに大きな権力を有する。

　国家発展改革委員会が経済システムの転換という新しい状況にどのように順応していったのかを分析することは，中国の官僚制の特徴を明らかにする上でのひとつのケーススタディーと位置づけることができる。

　国家発展改革委員会，中国の官僚機構に関する先行研究は多くはない。国分（2004）は，巨大な官僚機構である国家計画委員会の変遷を通して，中国の官僚制の構造と機能の動態を分析し，官僚制を中国共産党支配のための道具，「人治型官僚制」と結論づけた。Lieberthal and Oksenberg（1988）と Lieberthal and Lampton, ed.（1992）は，中国の政策決定過程を分析し「分断化した権威主義」（Fragmented stracture of authority）モデルを提示し，一党支配の下で中央から末端へと集権的な組織形態になっていない，中央と地方，官庁，企業などのあいだが分断されているとして，協調の重要性を指摘した。そのなかで前者は，国家計画委員会が投資を決定する上で，工業と農業のバランス，省庁間や地方間のバランス，投資と個人消費のバランス，国内流通

と対外貿易のバランスに重点をおいてきたことを指摘する（Lieberthal and Oksenberg. 1988, 65）。また後者は，国家計画委員会が地方間や省庁と地方のあいだの対立を最終的に解決する機能があるとした（Lieberthal and Lampton, ed. 1992, 73）。

　これらの先行研究は，1990年以前，すなわち社会主義市場経済化が本格化する前の国家計画委員会を対象としており，本研究のベースとなるものである。これらに対し，本研究は1990年代以降に市場経済化が進展するなかでの国家発展計画員会，国家発展改革委員会に焦点をあてており，先行研究をさらに発展させたものと位置づけることができる。

　佐々木（2012）は，2008年のリーマンショック前後の金融政策の主導権をめぐって，国家発展改革委員会と中国人民銀行が争うプロセスを明らかにし，国家発展改革委員会が金融分野に強い関心をもっていることを指摘した。本研究を行うきっかけとなった研究である。

第2節　各章の位置づけと概要

　本書は，以下の5つの論文から構成されている。

　第1章では，中国の国家発展改革委員会のもつ機能や役割について，現代中国の行政改革論の枠組みのなかで，現在に至るまでの変遷を分析した。計画経済体制時代の国家計画委員会はマクロ・コントロールからミクロ・コントロールに至るまでの強大な権限を有していた。しかし，1970年代末の改革・開放への転換，市場経済のシステムを導入した改革が既定路線となり，ミクロ・コントロールの権限は全体として縮小し，1990年代にはマクロ・コントロール部門が分散化し，さらに国家経済貿易委員会の台頭で国家発展計画委員会のマクロ・コントロール権限は大きく縮小した。

　しかし，2000年代に入りマクロ・コントロールの分散化の弊害がみられるようになり，2003年に国家経済貿易委員会の廃止によりその権限の多くが国

家発展改革委員会に移管されたこと，2008年に財政部と中国人民銀行との協調メカニズムの健全化により国家発展改革委員会が財政と金融分野への関与を高めることに成功したこと，さらには2013年にはエネルギー分野での権限も強化されたことで，経済運営全般に強い権限が付与されたと結論づけた。

第2章以下がケーススタディーである。

第2章では，重厚長大の製造業を想定する伝統的な産業領域における国家発展改革委員会の役割の変容を明らかにする。

産業政策の制定と実施という国家計画委員会期からの重要な機能が国家発展改革委員会になってどのようになったか。詳細な分析が行われている。著者は，中国で長年産業政策の制定に携わってきており，論文ではその経験が随所に生かされている。

その変化は投資コントロールの分野で顕著であるとする。計画経済システムでは国家計画委員会は財政資源の直接配分の権限を有していたが，社会主義市場経済システムでは政府財政の投入の余地が小さくなった。しかし，国家発展改革委員会は財政資源配分権限に変わり新たにプロジェクトの審査・承認権限を獲得することで，産業政策の制定と実施の主導権を維持することに成功していることを明らかにした。

他方，その国家発展改革委員会の主導権は相対的に低下しているとも指摘する。計画を通じた資源配分の余地が小さくなったことで，産業政策の制定，実施の主導権を握ることは経済全体のマクロ・コントロールにおける主導権を握ることを意味するようになり，他の経済管轄官庁や地方政府の関与の余地が大きくなり，投資も審査・承認制から審査承認と確認・許可の併用制へと移行しており，国家発展改革委員会とその他のアクターの共同管理へと変化していることを明らかにしている。そして「新エネルギー自動車」という新しいエネルギー技術の導入についての事例研究でそのことを証明した。

第3章では，産業政策，法規，実施体制の整備が始まったばかりの新しい産業領域における国家発展改革委員会の役割を明らかにする。

そのために，新たに認知された産業である物流業を事例とし，政策の制

定・実施過程を中心に物流各分野を主管する官庁や地方政府と国家発展改革委員会の関係を分析し，物流行政の実際の運用過程を官庁の権限等に基づいて整理し，各官庁間の政策的協調関係を検証した。さらに，物流行政の末端を担い，政府と企業をつなぐ機能を果たしている業界団体について，国家発展改革委員会との関係に重点をおいて論じることで，国家発展改革委員会の物流政策における機能について，多角的に分析した。

その結果，多数の官庁の権限関係が錯綜し，かつ5年ごとの大規模な行政改革によって権限の移動も頻繁に発生しているなかで，物流政策全般を継続的に管轄してきた官庁が国家発展改革委員会であることを明らかにした。それゆえ，政策実施過程で関係官庁間の調整を任務とする機構が設立されても，その構成は国家発展改革委員会を中心としており，国家発展改革委員会が調整を主導していることも明らかにした。さらに，行政改革によって，従来個別官庁が行っていた政策の企画・立案機能を国家発展改革委員会が吸収し，業界管理機能が業界団体に委譲されたことで，国家発展改革委員会は業界との仲介機関としての業界団体と直接的関係をもつようになったことを明らかにした。そして，国家発展改革委員会が間接的とはいえ，広範な影響力を保持していると結論づけた。

第4章では，政治的課題の解決策に対する国家発展改革委員会の関与を明らかにする。

そのために，対外的安全保障や国家統合の確保という政治的な課題の解決策としての民族地域振興策について，国家発展改革委員会の関与があるのかないのか。あるとすれば，それはどの程度までの関与であるのか。これらに焦点を当て，西部大開発の実施状況についての国家民族事務委員会の報告書，新疆ウイグル自治区および新疆生産建設兵団，延辺朝鮮族自治州，雲南省，内モンゴル自治区の報告書の内容分析を行い，新疆ウイグル自治区発展改革委員会の職責や活動を手がかりにして，民族地域に展開する発展改革委員会の職責や活動のなかに，民族地域に由来するような際立った特徴があるのかどうかを検討し，そこから発展改革委員会全体に視野を広げて民族地域振興

策における政治的課題への関与がどの程度であるかを明らかにした。

　その結果，国家民族事務委員会の報告からは，国家発展改革委員会が関与したプロジェクトは少数民族の人材育成に関するもののみだった。新疆ウイグル自治区と新疆生産建設兵団の報告からは国家発展改革委員会の直接的な関与を確認できなかった。さらに，延辺朝鮮族自治州，雲南省，内モンゴル自治区の各報告からも国家発展改革委員会の関与を確認できなかった。地方の発展改革委員会についても，その職責や幹部の分業状況は，国家発展改革委員会のそれと相似しており，民族地域振興策における政治的課題に対応する役割は明示されていないことを明らかにした。以上より，民族地域振興策の政治的課題に対する国家発展改革委員会および地方の発展改革委員会の関与はきわめて限定的であると結論づけた。

　第5章では，災害など突発的な出来事が発生した際，早期の復興を果たす上で，国家発展改革委員会や地方（省レベル，県レベル）の発展改革委員会がどのような役割を果たすのか。また重要な役割を果たしているのならば，その条件は何かを明らかにする。

　そのために，国家発展改革委員会から地方（省レベル，県レベル）の発展改革委員会に至る発展改革委員会の縦割り系統に着目し，2008年5月の四川大地震後の四川省，陝西省，甘粛省，雲南省での復興活動における復興体制の構築，物価調整およびその他の復興活動の3点から国家発展改革委員会と地方の発展改革委員会の役割を検討した。

　復興体制の構築では，中央レベルで大方針が決定された後，省レベルの発展改革委員会が各省の復興計画を策定し，国家発展改革委員会がそれらをまとめて国全体の計画を策定し，それを受け省レベルで個別計画が策定されるというプロセスを経る。そこでは国家発展改革委員会と省レベルの発展改革委員会が主導し，その相互作用がみられること，発展改革委員会が有する広範な権限を生かして主導権を発揮していることを明らかにした。また物価調整についても，国家発展改革委員会が「価格法」で規定されている重要商品の価格決定権限を重点的に活用し，地方の発展改革委員会に適切な指示を行

ったことにより，災害時の突発的な価格上昇を抑えることに成功したことを明らかにした。さらに行政経費の削減，少数民族の文化財保護，インフラ整備といった幅広い範囲の復興活動に発展改革委員会系列がかかわっていることを明らかにした。そして突発的な出来事の発生において，発展改革委員会系列が自ら有する広範囲にわたる権限を重点的に生かすことで，各方面での復興活動を主導したと結論づけた。

第3節　本研究から示唆されること

　本研究では，計画経済から社会主義市場経済へと経済システムが移行したにもかかわらず，計画経済システムを支えてきた国家計画委員会を引き継いだ国家発展改革委員会が現在も影響力を有している。その原因を探ることを試みた。

　1990年代に入り，本格的に社会主義市場経済化が進むなかで，個々の企業や産業に対する管理，すなわちミクロ・コントロールが縮小し，マクロ・コントロールに重点が移るなかで，その権限も国家計画委員会からマクロ・コントロールを担う個別の官庁（国家経済貿易委員会や財政部，中国人民銀行など）に分散された。しかし，分散の弊害が露呈するようになり，2000年代に入り権限の集中化が再び求められるなかで，その受け皿となったのが，国家発展改革委員会だった。すなわち，計画経済システム同様に，社会主義市場経済システムにおいても権限の集中が，国家発展改革委員会の影響力を高めた原因のひとつといえる。

　その際，伝統的な産業だけでなく，ハイテク産業，物流業，エネルギー，そして金融など新たな領域における権限を獲得するとともに，そうした新たな領域の発展のネックとなっている複数の所轄官庁にまたがる利害の調整に中心的役割を果たすことになった。これも国家発展改革委員会が影響力を高めた原因のひとつである。

そうした利害調整機能は，計画経済システムの下でも国家計画委員会は有していた。しかし，1998年以降，5年ごとの行政改革が定例化したことで，権限が頻繁に移動していることで，利害調整は計画経済システムの下でのそれに比べ複雑さを増している。そのような状況下では，結果的に機能は変化しても組織としては安定した官庁である国家発展改革委員会の役割がむしろ高まるという行政改革として皮肉な結果がもたらされたといえるだろう。そのため複雑化する利害を調整するために新しい機構が設立されても，国家発展改革委員会がその主導権をとらざるを得なかった。

　また，突発的な出来事により，復旧や対応が急がれるような事態に陥ったとき，国家発展改革委員会や地方の発展改革委員会が積極的な役割を果たしている理由も，ひとつには権限集中にあり，その権限を集中的に発揮できるのは発展改革委員会の縦割り系列が機能している結果である。また発展改革委員会以外にそうした対応ができる官庁がないともいえる。しかし，これらは社会主義市場経済化の進展によって，新たに備わった特徴では決してない。計画経済システムにおいても同様の特徴がみられた。

　他方で，国家発展改革委員会の産業政策の制定と実施における主導権は相対的に低下している。その根拠は，社会主義市場経済化が進み，産業政策の手段や形式の種類が増えていること，産業内の技術が専門化していることで，あらゆる権限が国家発展改革委員会の手にあるとはいえないからだとする見方もある。

　こうした異なる見方のどちらが国家発展改革委員会の影響力を正しく評価しているのか。その判断は難しい。マクロ・コントロールという文字通り中国の政治過程をマクロに見ようとすれば，おそらく国家発展改革委員会への権限集中，その調整能力を高く評価することになる。しかし個別のケースでは，個別の管轄官庁の影響力も軽視できず，国家発展改革委員会の役割に限界があるととらえられることもある。本研究では異なる見方があることを呈示することにとどめ，さらなるケーススタディーの積み重ねで精度を高めることが今後の課題となる。

また，政治的な課題を内包した政策に対しては，それが経済政策だったとしても，国家発展改革委員会も地方の発展改革委員会も主導権を握ってはいないという暫定的な結論も導かれた。その点で国家発展改革委員会は万能ではない。こうした特殊なケースもあるため，国家発展改革委員会の影響力に対する評価には，さらなるケーススタディーの積み重ねが必要である。

〔参考文献〕

＜日本語文献＞
国分良成 2004.『現代中国政治と官僚制』慶應義塾大学出版会。
佐々木智弘 2012.「党国体制とマクロ経済運営――2008年金融危機前後を事例として――」加茂具樹・小嶋華津子・星野昌裕・武内宏樹編『党国体制の現在――変容する社会と中国共産党の適応――』慶應義塾大学出版会

＜英語文献＞
Lieberthal, Kenneth, and Michel Oksenberg. 1988. *Policy Making in China: Leaders, Structures, and Processes*, Princeton: Princeton University Press.
Lieberthal, Kenneth G. and David M. Lampton, ed. 1992. *Bureaucracy, Politics, and Decision Making in Post-Mao China*, Berkeley : University of California Press.

第1章

国家発展改革委員会の機能とその変遷

渡辺　直土

はじめに

　本章は中国の国家発展改革委員会のもつ機能や役割について，現代中国の行政改革論の枠組みのなかでとらえ，分析するものである。1970年代末の改革・開放への転換以来，中国は段階的に市場経済のシステムを導入しながら経済改革を進め，90年代以降は「社会主義市場経済」と称し，2001年12月にはWTO加盟も実現した。このように市場経済のシステムを導入した改革が既定路線となるなかで，計画経済体制時代の国家計画委員会（国計委）の流れをくむ国家発展改革委員会（発改委）は，現時点でも財政金融政策の策定や各産業の管理監督，公共事業の認可など経済政策全体に強い権限を有している。市場経済化を進めつつも経済運営全般に強い影響力を有する政府部門が存在するという現状を，どのようにとらえればよいのか。関山（2008）は2008年の国務院機構改革の際に，「改革の本丸は発改委解体である」として，「市場経済化に向けた改革全体の成否を左右する天王山」であると位置づけた。では，発改委は現代中国の行政全体においてどのような位置にあり，経済運営においてどのような役割を果たしているのか。本章では行政改革全体の流れのなかでこの点を分析したい。

　以下では，最初に改革・開放以降の中国の行政改革全体の沿革を回顧し，つぎに国家計画委員会から国家発展改革委員会への機能の変遷を国務院機構

改革案の分析や内部機構の変遷をもとに考察する。あわせて，日本の経済官庁と組織面での特徴を比較することを通して，発改委の特徴を浮かび上がらせ，多面的にそれを理解することを目標とする。

第1節　現代中国の行政改革の沿革

　筆者はこれまで改革・開放以降の中国の行政改革をその改革モデルの特徴と変容から，4つの段階に区分して分析してきた。ここではその概要を紹介し，発改委の分析に接続させたい[1]。

1．第1段階（80年代前半）

　70年代末から80年代中ごろまでの改革・開放初期における行政改革をめぐる一般的状況は，官僚主義的影響による事務量の増大，行政の肥大化と非効率，財政負担の増大が問題となっており，その是正が急務とされていた。その背景には，経済改革による事務量の増加に伴う機構の膨張，文革後の幹部の復帰などにより政府の財政負担が増大していたことがあげられる。また，臨時機構（非常設機構）の設置や，上級政府の指示による機構設置などが負担増大に拍車をかけた。そこで焦点となったのは，臨時機構（非常設機構）の削減や定年制度の整備による人員削減，若返り，高学歴化であった。1977年から81年までの間に国務院は部委，直属機構，弁公機構など合計100の行政機構を設置しており，行政人員も5万1000人に達した。そこで82年から国務院の機構改革が開始された。この改革でおもに任務の類似した経済部門を廃止，統合することによって国務院の機構は100から61まで削減された。また定年退職制の導入や各部門の副職（副主任，副書記など）の削減など副職の減少など人員整理の面でも成果をあげた。地方レベルにおいても同様の改革が行われた。ただ，この時期の問題として，この段階の行政改革は政府機

能の転換を考慮に入れずに，単純な機構や人員の削減を追求したことにあるといえる。『人民日報』1984年7月24日の社論でも改革により指導幹部数は減少したが，事務の負担は増加し，兼職が増加するという実態が紹介されている（『人民日報』1984年7月24日1面）。70年代末から80年代前半にかけての政府機構改革では行政の簡素化を実現しても政府機能の転換はなされず，その成果を十分に定着させることはできなかった。市場経済化の推進のための機構改革は80年代後半の第2段階を待たねばならなかった。

2．第2段階（80年代後半）

　80年代中ごろ以降，市場経済化を志向した経済改革が深化すると政府もそれに対応して機能転換が迫られるようになり，機構改革においても市場化に対応した改革モデル（さしあたり「市場化対応モデル」と呼ぶ）が地方レベルにおいて先行して登場する。副職の削減や幹部の若返りといった第1段階の改革内容に加え，政府の現業部門を企業化された組織に改組し（「経済実体」と呼ばれる），政府部門から分離している。このため，それまでのように政府が生産活動に直接関与するのではなく，「経済実体」に生産活動を任せ，政府の側はマクロ・コントロールのみを行うのである。これはすなわち政府と企業の機能分離（「政企分離」）である。政府が生産に関与しないことによって経済を活性化させ，また経済部門を分離することによって政府の財政負担を軽減することがねらいであった。

　党・政府の側も86年以降に地方レベルの政府機構改革に関して具体的な計画を打ち出すようになる。8月に国家経済体制改革委員会は国務院の同意を経て，16の中等都市を全国第1期機構改革実験都市に選定した（『人民日報』1986年8月29日1面）[2]。ここで注目すべき点として，これまでの政企関係の調整という論点に加えて，党政関係の合理的分業の確定，すなわち「党政分業」（中国語で「党政分工」）が課題とされたことである。この「党政分業」とは唐亮によれば党組織と行政組織の職権を制度的に区分することであり，

後に課題となる「党政分離」(中国語で「党政分開」)とは行政事務に関する党組織の直接関与を避けることであるとされる。各級政府において党は党グループ(中国語で「党組」)と党の行政担当機構(中国語で「対口部」)を通じてそれぞれの部門に対する指導を行っており,「党政分離」を志向する場合はこれら党組織の改革(あるいは廃止)が重要な課題となる[3]。

　87年5月の時点で16都市のうち13市で政府機構改革の全体的な計画を制定し,8市で実施段階に入ったと発表された(『人民日報』1987年5月29日1面)。ここで注目すべき点として,「政治体制改革」の主要な任務は「党政分離,権力下放,機構削減,効率向上」であるとされており,「党政分業」から「党政分離」へと課題が転化していることである。87年9月にはこれら16都市の改革について国家経済体制改革委員会と労働人事部が総括を行い,党・政府に報告され,各地区各部門に改革を推進することが通達された(『人民日報』1987年9月1日1面)。16都市の改革の報告と87年の第13回党大会における「政治体制改革」方針の提起を受け,88年から国務院レベルの機構改革が開始されることになったが,国家経済体制改革委員会副主任の賀光輝は,地方レベルの改革の経験を国務院の改革にも生かしていくことを強調した。改革・開放期での2回目の国務院機構改革は国家計画委員会と国家経済委員会の統合,エネルギー部門を能源部に統合,国家機械工業委員会と電子工業部の機械電子工業部への統合,国家公務員制度の整備などを柱に進められた。国務院の機構は72から68まで減らされた。87年の第13回党大会で市場経済化に対応した政府機構改革の必要性が強調されていることから,このときの機構改革もそれまでの改革とは違った水準で実行された点がいくつかある。すなわち単純な数の削減という枠組みではなく,政府機能の転換を核心として,ミクロ・コントロールからマクロ・コントロールに重点を移行させるべく改革が行われた。そのなかで中心となったのは現業経済管理部門の整理,統合とマクロ・コントロール部門の強化である。地方レベルの改革においても「党政分離」の原則の下での機構改革や,総合経済管理部門の機能強化などが強調された。

このように第2段階の政府機構改革は80年代末に「経済部門の削減，経済実体への移行→人員を経済実体へ再配置→財政負担の軽減とマクロ・コントロールの強化」+「党政分離」というモデルに帰結したが，89年6月の天安門事件により改革はいったん中止され，唐亮によればそれ以前に廃止された党グループは基本的に復活した。「対口部」については政法，外交，軍事など重要分野の「対口部」の廃止を留保している（唐 1997）。

3．第3段階（90年代以降）

90年代において地方レベルの政府機構改革が本格的に開始されるのは90年7月の全国機構編制工作会議以降である。ここでは88年から行われてきた国務院の機構改革が一段落したとみなされた。そして次の焦点として地方の機構改革を進めることがあげられ，すでに一部地域で行われていた改革の実験を継続し，さらに実験地を拡大するとともに，地方機構改革に関する研究と法案の策定を継続することが強調された（『人民日報』1990年7月5日1面）。国家機構編制委員会主任の李鵬は機能，機構，編制の「三定」を強調し，地方レベルの改革に関して十分な準備を行う必要性を強調した（『人民日報』1990年7月8日1面）。90年の時点では河北省と哈爾濱，青島，武漢，深圳の4つの計画単列市，湖南省華容県，広東省宝安県など9県であったが，91年にはさらにいくつかの省，市，県を選び改革の実験を行っていくこととされ，政府の企業に対する管理機能を転換し，「政企分離」を実現することが目標とされた（『人民日報』1990年12月24日1面）。

92年5月の全国県級総合改革経験交流会でも県レベルの機構改革の実験を進め，政府機能を転換し，条件の整った部門は「経済実体」へ改組するという形式をとり，農民に各種サービスを提供していく必要性が強調された。そして「小政府，大服務（サービス）」という県級経済管理体制を確立していくことが提示された。そして各省がそれぞれ実験県を選定し，92年9月の時点で350県あまりに達した（『人民日報』1992年9月22日4面）。93年7月の全

国機構改革工作会議では山東省の副省長と陝西省,福建省の各省長がそれぞれの地区における機構改革の状況を報告した(『人民日報』1993年7月24日1面)。93年から新たな国務院機構改革が実施された。この時は「機能の転換,関係の円滑化,簡素化および効率の向上」という原則の下に進められ,国家計画委員会,財政部,中国人民銀行などのマクロ・コントロール部門の強化や交通,工業,流通,資源,建設,農業等の現業経済部門の合併,削減などが進められた。また「三定」制度の実施によって国務院の機構が41にまで削減された。そして97年の段階でそれまでの機構改革が胡錦濤によって総括され,「機能の転換,関係の円滑化,簡素化および効率の向上などで成果があった」とのべ,現業経済管理部門の「経済実体」への改組,政府機能の転換,「政企分離」の推進などの方針を継続していくことを強調した(『人民日報』1997年5月8日1面)。

　97年の第15回党大会を経て,98年には改革・開放期で4回目の国務院機構改革が行われた。この改革は93年同様,社会主義市場経済に対応し政府の機能を転換させるところに重点がおかれた。すなわち,電力工業部,機械工業部,国内貿易部などの現業部門が廃止され,国家経済貿易委員会内の局として編入された。また郵電部と電子工業部が合併されて情報産業部に改組された。これはIT化の進行に対応したものである。また国有企業改革に対応する形で労働社会保障部も設置された。最終的には99年までの1年間の間に国務院の機構が41から29にまで削減され,人員も半数まで削減された。2001年2月には国家経済貿易委員会内に編入された現業部門の9つの局(国家石油和化学工業局,国家国内貿易局,国家煤炭工業局,国家機械工業局,国家冶金工業局,国家軽工業局,国家紡織工業局,国家建築材料工業局,国家有色金属工業局)が廃止された[4]。地方レベルの機構改革は99年当初から再開された。5月に地方政府機構改革の目標が確定され,地方行政機構の人員は半分に削減し,省級政府の工作部門は40前後に,また経済発展の遅れた省は30前後,直轄市は45前後に削減することとされた。大,中,小都市はそれぞれ40,30,20前後に,大,中,小の県はそれぞれ22,18,14前後に削減することとされ

た。そして2001年末のWTO加盟と02年の第16回党大会での胡錦濤－温家宝体制の成立を経た後，03年3月から新たな国務院機構改革が開始された。今回は前出の国家経済貿易委員会が廃止された。内訳として，企業改革を所管する部門は国有資産監督整理委員会へ移行，国内流通を所管する部門は対外経済貿易合作部と統合されて商務部に，残りは国家発展計画委員会と統合されて国家発展改革委員会となった。国務院の機構数は28となった。WTO加盟により20年以上にわたり継続されてきた市場経済化へ向けた改革がもはや後戻りできない決定的な段階へと至り，国際ルールに適応するために経済部門を中心に重点的に改革が進められたといえよう。

　このようにみると「小政府，大社会」を志向する第3段階の機構改革は第2段階の「市場化対応モデル」との共通点も多いが，大きな相違点として「党政分離」によって行政の効率化をはかるという論点がみられなくなったことがあげられる。80年代末に「党政分離」を実現したと紹介された地域でも90年代になると党政関係については触れられていない。つまり，80年代後半の「経済部門の削減，経済実体への移行→人員を経済実体へ再配置→財政負担の軽減とマクロ・コントロールの強化」＋「党政分離」というモデルのうち，「党政分離」に関する部分を後景化させた「市場化対応モデル」の一部変形型といえよう。

4．第4段階（2008年以降）

　その後2007年の第17回党大会では，行政改革について「行政管理体制改革を加速し，服務型政府を建設する」との目標が掲げられ，政府機能の転換や合理化，政府と企業や事業単位，仲介組織との分離や行政審査の削減，大部門制の実行などが提起された。それを受けて2008年から「大部制（大部門制）」改革と呼ばれる新たな行政改革が開始された。国務院の機構改革では国家発展改革委員会の機能転換（マクロ・コントロールの強化），国家能源委員会および国家能源局の設立（エネルギー管理部門の集約・強化），工業信息

化部の設立（工業・情報産業部門の集約），交通運輸部の設立（交通・運輸部門の集約），人力資源社会保障部の設立（人事・労働・社会保障の部門の集約），環境保護部の設立などが実施され，機構数は27となった。また地方レベルでも同様の改革が進められたが，ここでは広東省佛山市順徳区の改革に注目したい。順徳区の改革は区党委書記の劉海によれば，1992年から独自のモデルを志向した改革を試みてきたとのことだが（『人民網』2009年11月5日），それが今回の改革で「順徳モデル」として結実したといえよう。具体的には政務監察審計局（政府）と規律検査委員会（党）の統合，政府弁公室と区党委弁公室，政策諮問研究室を統合，機構編制委員会弁公室（政府）と組織部（党）の統合，文体旅遊局（政府）と宣伝部（党）の統合，司法局（政府）と政法委員会（党）の統合，民政宗教外事僑務局（政府）と社会工作部（党）の統合，その他政府の各局を10部門に統合した。これは政府の部門を統合して拡大するといった「大部制」改革の特徴に加え，さらに注目すべき点として，第1に政策決定，執行の効率化を図るため，区政府部門と区党委の関連した部門を統合した機構を6つ設置し，党政で合計41部門あったところを16部門にまで削減していることである。党と政府を一体化させるこの方法は「党政同体」あるいは「党政連動」と称している。このため，党の行政担当機構（「対口部」）は政府と統合することで不要になったため，設置しないとしている。第2段階の改革では党政分離を意図して「対口部」を廃止したが，ここではむしろ党政を一体化させることで「対口部」を廃止しているのであり，同じ「対口部」廃止でも意図はまったく逆になっている。

　第2に，行政の効率化のため，政策決定と執行，監督を担当する部門を区分していることである。すなわち政策決定を党委，人大，政府，政協の責任者および局級部門の責任者連席会議で行い，執行は政府各局の内設部門，鎮政府の部門が行う。監督については党の規律検査委員会と政府の政務監察審計局が統合された部門および人大，社会各方面で行うというように，決定，執行，監督の責任を各部門で分離することで権力の集中を防止することを意図している（国家行政学院課題組2010）。またこれに対応する形で鎮あるいは

街道の機構数も統合，削減している（『人民網』2010年8月2日）。

　このように機構を統合して大規模化するだけでなく，党と政府の機構を一体化させ，決定，執行，監督権を分離して行政全体の効率化を図るという順徳のモデルは地方レベルの「大部制」改革のなかでも大きな注目を集めた。広東省指導部は2010年11月の段階で全省の中から25県を実験地として選び，順徳のモデルにならって行政改革を推進することを決定している[5]。実際に広東省の他都市でも同様の事例が散見される。順徳のモデルは「大部制」によって機構を統合，拡大するのみでなく，党と政府の関係のあり方や権力の分割といった領域にまで改革がおよび，広東省全体，さらには全国にも波及する可能性があることから，今回の「大部制」改革全体のなかで重大な意義をもっているといえよう。そしてこの改革によって中国の行政改革は第4段階に入ったと考えられる。その理由として第1に，それまでの「党政企」（第2段階）あるいは「政企」（第3段階）を分離するという方法ではなく，機能が近接する部門を中心に統合し，機構を簡素化することで行政効率を向上させようとするものであり，行政のスリム化の面での手法が異なることが挙げられる。第2に，順徳の事例のように，党政関係の調整という点からみれば，「党政連動」という新たな方向性が生まれたことが挙げられる。つまり，第2段階で「党政分離」が志向され，第3段階ではそれが後景化し，現段階では「党政連動」という党政一体化の方向に向かう可能性が出てきている。この動きが広東省から中国全体に広がるのかどうかがひとつの焦点となろう。

第2節　国家発展改革委員会の変遷

　国家発展改革委員会（発改委）は冒頭でも述べたように，現在の中国の経済政策全般において強い権限を有しているが，それはその前身の国家計画委員会（国計委）に由来する。国分良成によれば，国計委はソ連型の計画経済

発展モデルと重工業重視戦略を導入する目的でソ連のゴスプランを模倣した機関で，1953年からの第1次五カ年計画をにらんで設立された。その後56年には同じくソ連を模倣した国家経済委員会（国経委）が設立され，国計委が五カ年計画を含めた長期経済計画を，各年度や短期の経済計画を国経委が担当することになった。大躍進期から文革期にかけては毛沢東の権力闘争の影響を受けて低迷したが，改革・開放期以降に復活した。しかし，90年代以降，改革・開放が深化するにつれ，ミクロ経済のレベルに至るまで管理するという絶大な権限をもっていた国計委は，マクロ経済管理重視へと転換することになる。国分良成はこれを国計委の「長期低落傾向」と称している（国分2004）。実際に1998年の国務院機構改革では，国家計画委員会は国家発展計画委員会と名称変更された。この時のマクロ・コントロール部門の職責としては，経済の総量バランスを保つこと，インフレを抑制すること，経済構造を改善すること，経済の持続的健康的な発展を実現すること，マクロ・コントロールシステムを健全化し，経済・法律手段を整備し，マクロ・コントロールメカニズムを改善することとされ，国家発展計画委員会とともに国家経済貿易委員会，財政部，中国人民銀行が担当部門とされた[6]。なお，この時の改革で国家経済委員会の流れをくむ国家経済貿易委員会の権限が強化されているが，国分良成はこれを経済政策全般の責任者であった朱鎔基の影響によるものとしている（国分2004）。

　その後WTO加盟（2001年）と胡錦濤－温家宝体制の成立を経て，2003年の国務院機構改革では，国家発展計画委員会は国家発展改革委員会（発改委）と名称変更され，「計画」の2文字が完全に消滅した。そして，産業政策や輸出入管理など，マクロ・コントロール部門が分散化し，効率低下を招いていることから，国家経済貿易委員会がもっていた産業政策，経済運営調節，技術改革，投資管理，企業に対するマクロ指導，輸出入計画などの機能が発改委に移管された。発改委は経済社会政策を総合的に研究，策定し，総量バランスを保ち，経済体制改革全体を指導するマクロ・コントロール部門であるとされた。その職責は，国民経済および社会発展戦略，長期計画，年度計

画，産業政策および価格政策を策定し，国民経済の運営を監督，調整し，総量バランスを保ち，経済構造を改善し，経済体制改革を指導するとされた。なお，国家経済貿易委員会は対外経済合作部と統合され商務部となった[7]。

　このように当初計画経済体制期に国計委が発足した時点ではマクロ経済からミクロ経済に至るまで強大な権限を有していたが，市場経済化が進むにつれて，「小政府，大社会」のスローガンの下，政府は経済運営においてミクロ経済レベルへ関与することを避け，マクロ・コントロール重視へと転換するにつれ，発改委の機能も変遷してきた。その傾向は2008年の国務院機構改革においても継続した。この時の改革では，マクロ・コントロール部門の機能を合理的に配置するとし，発改委についてはミクロ管理事務および具体的な審査事項の削減，マクロ・コントロール部門の集中的掌握など，さらに一歩機能を転換するとした。また財政部の予算および税制管理の機能を強化し，中国人民銀行の通貨政策の健全化および金融監督部門との協調なども挙げられ，これら3つの部門は協調メカニズムを健全化し，マクロ・コントロール部門を形成・整備する必要があるとした[8]。そしてその職責は国民経済および社会発展計画，中長期計画，年度計画の策定および実施，マクロ経済および社会発展体制の監督，財政，通貨，土地および価格政策の策定，実施，重大建設プロジェクトの計画，経済構造の戦略的調整，などが挙げられている[9]。2013年の国務院機構改革においてもこの方向性は基本的には維持されつつ，さらに国家能源局と国家電力監管委員会を統合して新たに国家能源局を設置し，発改委の管轄下に組み込むことで，エネルギー行政への権限も強化された[10]。

　以下の表1-1および表1-2は国計委時代から現在の発改委に至るまでの機能の変遷および内部機構の変遷について，『中国政府機構名録』（1989年版，1992年版，1996年版，2002年版，2004年版）および発改委のウェブサイトをもとにまとめたものである。ここで注目したいのは，2003年の国務院機構改革で国家経済貿易委員会が廃止され，その権限の一部が発改委に移行されて以降である。機能の変遷という点では，単純に項目数の増減だけをみてみても，

表1-1 国家発展改革委員会の機能の変遷

国家計画委員会（1989年）
1．国民経済および社会発展の戦略目標の制定，長期計画および中期計画，年度計画の編成，社会の需要と供給のバランスの確保
2．産業構造および国民収入の分配など，マクロ経済管理における重大問題の研究分析，産業政策，技術政策，分配政策および対外経済政策の策定
3．財政，物価，税収，賃金などの政策の総合運用および一部の物資及び資金の掌握により，国民経済に対するマクロコントロールおよび調整
4．各組織，部門の協調による国土整備活動の推進，国土開発，利用，管理，保護の計画や規定の制定，資源分布状況の研究
5．各部門，各地区の計画の指導および検査，執行状況の監督
6．国民経済の発展情勢および新しい状況，新しい問題の研究分析，政策提言
7．国家科学技術委員会などの関連部門と長期的な科学技術の発展の方向性，重点および相応の政策措置の研究，技術進歩および吸収，国産化の推進
8．人口，労働，文化，教育，衛生，体育，社会保障など社会発展事業における重大問題および方針，政策の研究，経済発展との協調
9．資源の節約および合理的使用，総合的利用の研究，および計画の編成，方針の策定
10．計画体制改革案および実施方法の研究，制定，インフラ建設基金制の実施，投資会社の管理，重大項目の入札に対する監督審査
11．総合的な経済，技術法規の制定および関連部門の法執行における協調

国家計画委員会（1992年）
1．国民経済および社会発展の戦略目標の制定，長期計画および中期計画，年度計画の編成，社会の需要と供給のバランスの確保
2．産業構造および国民収入の分配など，マクロ経済管理における重大問題の研究分析，産業政策，技術政策，分配政策および対外経済政策の策定
3．財政，物価，税収，賃金などの政策の総合運用および一部の物資および資金の掌握により，国民経済に対するマクロコントロールおよび調整
4．各組織，部門の協調による国土整備活動の推進，国土開発，利用，管理，保護の計画や規定の制定，資源分布状況の研究
5．各部門，各地区の計画の指導および検査，執行状況の監督
6．国民経済の発展情勢および新しい状況，新しい問題の研究分析，政策提言
7．国家科学技術委員会などの関連部門と長期的な科学技術の発展の方向性，重点および相応の政策措置の研究，技術進歩および吸収，国産化の推進

表1-1　つづき

8．人口，労働，文化，教育，衛生，体育，社会保障など社会発展事業における重大問題および方針，政策の研究，経済発展との協調
9．資源の節約および合理的使用，総合的利用の研究，および計画の編成，方針の策定
10．計画体制改革案および実施方法の研究，制定，インフラ建設基金制の実施，投資会社の管理，重大項目の入札に対する監督審査
11．総合的な経済，技術法規の制定および関連部門の法執行における協調

国家計画委員会（1996年）
1．国民経済および社会発展の戦略目標の制定，長期計画および中期計画，年度計画，インフラ産業および基幹産業の発展計画，全国の有価証券の発行計画および民生関連の重要農産品，工業および消費用品，生産原料の備蓄計画の作成の編成，社会の需要と供給のバランスの確保および重大な比率を占める関係の協調
2．関連部門と国家の産業政策の研究制定，および協調と監督実施，産業構造の合理化の指導と促進
3．国土開発，修繕，保護の全体計画および区域経済の発展改革，資源の節約および総合的な利用計画，辺境や貧困地区の経済開発計画の組織制定，全国の生産力の合理的配置
4．全国の市場システム確立の指導，促進，全国性あるいは地域性の卸売市場，先物市場，重点市場の発展計画，全体的な分布やコントロール政策の組織制定，重要物資の国家による発注，備蓄，放出の指導監督，物価水準の監督，国家管理の需要商品価格および重要料金水準の制定，地方各部門の物価工作の監督指導
5．固定資産投資の規模及び資金の確定，投資および建設領域における重大方針の研究提言，国家の重点建設項目計画の整備，大中型及び限度額を超えるインフラ建設項目の審査，関連部門および地区とインフラ建設における年度計画の実施および重大項目の組織協調，国家長期投資資金の管理，国家経済貿易委員会が審査した限度額以上の技術プロジェクトに対する署名
6．国家科学技術委員会などの関連部門と中長期的および年度の科学技術発展計画の組織制定，科学技術の発展の方向性，重点および相応の政策措置の提起，科学技術の重大プロジェクトおよび重大インフラ建設計画の組織制定，科学技術の成果の商品化および生産力への転化の促進
7．マクロ経済の予測，観測および分析研究，財政，預金，利率，価格，税率，賃金等の経済手段および国家が直接掌握する投資，外為，対外借款，国家備蓄などの手段の総合的協調，法律および政策の協調，情報指導などを通じた計画および産業政策の実施の保証

表1-1 つづき

8．わが国の対外貿易，経済協力および国外資金利用の戦略，方針および政策の研究と提案，外資利用の規模や方向性の提案，大中型および限度額以上の外資プロジェクトの審査
9．国防建設および社会事業の発展における重大問題の研究，それらと経済発展の相互促進関係の協調
10．関連部門との計画，投資体制改革案の研究および実施，全体の経済体制改革案の研究制定への参加，計画工作及び市場運営の法律，法規および総合的な経済法規の起草，審査，協調工作の組織および参加
11．その他の国務院が委託した事項

国家発展計画委員会（2002年）
1．国民経済および社会発展の戦略，長期計画および中期計画，年度計画の研究提案，バランス，発展速度および構造調整のコントロール目標および政策の研究提案，主要業種の計画の協調
2．社会の需要および供給のバランスと協調，資源開発，生産力分布および生態環境建設計画の策定，全国の経済構造の合理化および区域経済の協調的発展
3．財政，金融等の部門およびその他の国民経済と社会発展の状況の分析，国際，国内経済の情勢分析，マクロ経済の予測，財政，貨幣政策の研究への参加，税率，利率価格など重要経済手段の運用政策の研究提案
4．全社会の固定資産投資の規模，重大プロジェクトの分布計画の提出，国家の財政建設資金の分配，国外借款建設資金利用の指導，監督，政策性借款の使用の指導監督，関連部門の確定した政策銀行の借款総量の協議と商業銀行の借款と固定資産に用いる融資の総量の確定，国家の重大建設プロジェクトおよび重大外資プロジェクト，域外投資プロジェクトの分配，重大プロジェクトの管理
5．外資利用の発展戦略，総量バランスおよび構造強化の目標と政策の研究提案，外債の総量管理や国際収支のバランス
6．価格政策の制定および執行の監督，価格水準のコントロール，国家が管理する重要商品価格と重要料金の制定と調整
7．国内，国外の市場の需給状況の研究分析，重要商品の国内需給と輸出入の総量バランスおよび重要農産品の輸出入計画の作成，食料のマクロコントロールおよび国家の食糧備蓄と物資の備蓄の管理，重要商品の国家による発注や備蓄の監督，市場のコントロール
8．科学技術，教育，文化，衛星など社会事業および国防建設と全体の国民経済と社会発展のバランスの確保，重要な科学技術の成果の産業化，経済と社会の相互強調発展，相互促進政策の提案，各種社会事業の発展における重大問題の協調

表1-1　つづき

9.	計画，投融資，価格などの体制改革案の研究および実施，関連法律，法規の起草と協調的実施
10.	その他の国務院が委託した事項

国家発展改革委員会（2004年）
1. 国民経済および社会発展の戦略，長期計画および中期計画，年度計画の立案，国民経済の発展および重要な経済構造の強化についての目標と政策の提案，各種の経済的手段および政策的建議の提出，国務院の委託を受け，全人大に国民経済および社会発展計画を報告
2. 国内外の経済情勢と発展状況の分析，マクロ経済の予測，国家の経済的安全にかかわる重要問題の研究，マクロコントロール政策の提案，経済社会発展における総合的協調，経済運営における重大問題の解決
3. 財政，金融等の状況分析，財政政策と貨幣政策の制定への参加，産業政策と貨幣政策の実施，財政，金融，産業，価格政策の執行の効果の分析，産業政策，価格政策の執行の監督検査，国家が管理する重要商品価格および重要料金水準の制定と調整，外債の総量規制，国際収支のバランス
4. 経済体制改革と対外開放ぬ重大問題の研究，総合的な経済体制改革案の立案，個別の改革案との協調，社会主義市場経済体制の促進，全体的な経済体制改革の指導
5. 全社会の固定資産投資の規模，重大プロジェクトの分布計画の提出，国家の財政建設資金の分配，国外借款建設資金利用の指導，監督，政策性借款の使用の指導監督，外資利用の発展戦略，総量バランス及び構造強化の目標と政策の研究提案，国家の重大建設プロジェクトおよび重大外資プロジェクト，域外投資プロジェクトの分配，重大プロジェクトの管理
6. 産業構造の戦略的調整と強化の推進，国民経済の重要産業の発展戦略および計画の研究提案農業と農村経済社会の発展に関連する重大問題の研究と協調，工業発展の指導，工業化と情報化の推進，技術法規および基準の立案，石油，天然ガス，石炭，電力などエネルギー発展計画の立案，ハイテク産業の発展の推進，産業現代化のマクロコントロール指導
7. 地域経済と都市化の発展状況の研究分析，地域経済の協調的発展および西部大開発戦略の提案，都市化発展戦略と重大政策の提案，地域経済の調整
8. 国内外の市場状況の研究分析，重要商品の総量バランスおよびマクロコントロール，重要農産品，工業製品および原材料の輸出入総量計画の編成，計画の執行状況の監督，経済状況による計画への調整，食糧，綿花，砂糖，石油，薬品などの重要物資と商品の国家備蓄の管理，現代物流業の発展戦略および計画の提案

表1-1　つづき

9．人口および計画出産，科学技術，教育，文化，衛生などの社会事業および国防建設と国民経済発展のバランス，経済と社会の協調的発展，相互促進政策の提案
10．持続的な発展戦略の推進，資源節約および総合的利用計画の研究立案，生態建設計画への参加，生態建設と資源の総合利用における重大問題の協調
11．様々な所有制経済の状況の研究，所有制構造および企業の組織構造強化の提案，各種所有制企業の公平な競争および共同発展の促進，中小企業および非国有経済の発展政策の研究提案
12．就業の促進の研究提案，収入分配，社会保障および経済の協調的発展に関する政策の調整
13．国民経済と社会発展および経済体制改革，対外開放に関連する行政法規の立案と制定，関連法律法規の起草と実施への参加
14．その他の国務院が委託した事項

国家発展改革委員会（2013年）
1．国民経済および社会発展の戦略，長期計画および中期計画，年度計画の立案，経済社会の協調的発展，国内外の経済情勢の分析，国民経済の発展および重要な経済構造の強化についての目標と政策の提案，各種の経済的手段および政策的建議の提出，国務院の委託を受け，全人大に国民経済および社会発展計画を報告
2．マクロ経済と社会発展情勢の状況の分析，予測，マクロ経済運営，総量バランス，国家の経済的安全および産業全体の安全など重要問題の研究および政策提案，経済運営における重大問題の解決，重要物資の緊急調整および交通運輸の協調
3．財政，金融等の状況分析，財政政策と貨幣政策，土地政策の制定への参加，価格政策の実施，財政，金融，土地，価格政策の執行の効果の分析，価格政策の執行の監督検査，国家が管理する重要商品価格および重要料金水準の制定と調整，価格違法行為および独占行為の調査，外債の総量規制，国際収支のバランス
4．経済体制改革の指導，推進，総合的協調，経済体制改革と対外開放の重大問題の研究，総合的な経済体制改革案の立案，個別の改革案との協調，経済体制改革試点および改革試験区の指導
5．重大プロジェクトおよび生産力分布の計画，全社会の固定資産投資の規模と投資構造の管理目標，政策および措置の立案，国家の財政建設資金の分配，国務院の規定により重大建設プロジェクト，外資プロジェクト，生きがい資源開発など重大投資プロジェクトなどの審査，国外借款建設資金利用の指導，監督，外資利用の発展戦略，総量バランスおよび構造強化の目標と政策の研究提案，国家の重大建設プロジェクトおよび重大外資プロジェクト，域外投資プロジェクトの分配，重大プロジェクトの管理

表1-1　つづき

6. 産業構造の戦略的調整と強化の推進，総合的な産業政策の立案，第一次，第二次，第三次産業発展における重大問題の協調および発展計画とのバランス，農業および農村経済社会発展における重大問題の協調，サービス業の発展戦略に関する関連部門との立案，物流業の発展戦略の立案，ハイテク産業の発展および戦略の立案
7. 地域経済と西部地区開発，東北地区など工業基地，中部地区の台頭戦略などの立案，都市化発展戦略と重大政策の提案，地域経済の調整
8. 国内外の市場状況の研究分析，重要商品の総量バランスおよびマクロコントロール，重要農産品，工業製品および原材料の輸出入総量計画の編成，計画の執行状況の監督，経済状況による計画への調整，国家戦略物資の備蓄，食糧，綿花，砂糖などの備蓄の管理
9. 社会発展と国民経済発展の接続，社会発展戦略，全体計画，年度計画の立案，人口および計画出産，科学技術，教育，文化，衛生などの発展政策の立案，社会事業建設の推進，社会保障と経済の協調的発展に関する政策提案
10. 持続的な発展戦略の推進，循環経済の発展，前社会のエネルギー資源節約および総合的利用計画の研究立案，生態建設計画および環境保護計画への参加，生態建設とエネルギー資源の総合利用における重大問題の協調
11. 気候変動に対応した重大戦略，計画，政策の立案，気候変動に関する国際的交渉へ参加，国連気候変動枠組み条約に関連する活動の履行
12. 国民経済と社会発展および経済体制改革，対外開放に関連する法律法規の立案と制定，全国の入札工作の指導
13. 国民経済動員計画の組織編成，国民経済動員と国民経済，国防建設の関係の研究，重大問題の協調と関連工作の実施
14. 国家国防動員委員会に関連した具体的な工作，国務院西部地区開発指導小組，国務院振興東北地区等老工業基地指導小組，国家応対気候変化及び節能減排工作指導小組の具体的工作の担当
15. その他の国務院が委託した事項

（出所）　新華社《中国政府機構名録》編輯部編『中国政府機構名録』1989年版（1989年新華出版社），1992年版（1992年新華出版社），1996年版（1996年新華出版社），2002年版（2002年中央文献出版社），2004年版（2004年中央文献出版社）および発改委ウェブサイト（http://www.ndrc.gov.cn/default.htm）より筆者作成。

表1-2　国家発展改革委員会の内部機構の変遷

国家計画委員会 （1989年） 計26	国家計画委員会 （1992年） 計23	国家計画委員会 （1996年） 計24	国家発展計画委員会（2002年） 計22	国家発展改革委員会（2004年） 計26	国家発展改革委員会（2013年） 計26
办公厅	办公厅	办公厅	办公厅	办公厅	办公厅
长期规划司	政策研究室	政策研究室	政策法规司	政策研究室	政策研究室
国民经济综合司	长期规划和产业政策司	长期规划和产业政策司	发展规划司	发展规划司	发展规划司
生产调度局	国民经济综合司	国民经济综合司	国民经济综合司	国民经济综合司	国民经济综合司
产业政策司	科学技术司	国土地区司	经济政策协调司	经济运行司	经济运行调整局
体制改革和法规司	固定资产投资司	科学技术司	投资司	经济体制综合改革司	经济体制综合改革司
科学技术司	重点建设协调监督司	固定资产投资司	国外资金利用司	固定资产投资司	固定资产投资司
固定资产投资司	能源工业司	国外资金利用司	地区经济发展司	产业政策司	利用外资和境外投资司
技术改造司	交通司	财政金融司	农村经济发展司	国外资金利用司	地区经济司
重点建设协调监督司	原材料工业司	重点建设司	基础产业发展司	地区经济司	西部开发司
工业综合一司	机电工业司	交通能源司	产业发展司	农村经济司	东北振兴司
工业综合二司	轻纺工业司	原材料和资源综合利用司	高技术产业发展司	能源司	农村经济司
工业综合三司	农村经济司	机电轻纺司	经贸流通司	交通运输司	基础产业司
农村经济司	资源节约和综合利用司	农村经济司	价格司	工业司	产业协调司
资源节约和综合利用司	市场物价司	市场司	价格监督检查司	高技术产业司	高技术产业司
消费市场司	对外经济贸易司	价格调控司	社会发展司	中小企业司	资源节约和环境保护司
对外经济贸易司	国外资金利用司	收费管理司	外事司	环境和资源综合利用司	应对气候变化司
国外资金利用司	财政金融综合司	工农产品价格管理司	人事司	社会发展司	社会发展司
财政金融综合司	社会事业司	价格监督检查司	国民经济动员办公室	经济贸易司	就业和收入分配司
经济调节司	国土规划和地区经济司	对外经济贸易司	重大项目稽察特派员办公室	财政金融司	经济贸易司
社会事业司	外事司	社会发展司	国家物资储备局	价格司	财政金融司

表1-2 つづき

国家計画委員会 (1989年) 計26	国家計画委員会 (1992年) 計23	国家計画委員会 (1996年) 計24	国家発展計画委員会(2002年) 計22	国家発展改革委員会(2004年) 計26	国家発展改革委員会(2013年) 計26
国土综合开发规划司	人事司	国防司	直属机关党委	价格监督检查司	价格司
地区経済司	行政司	外事司		就业和收入分配司	价格监督检查与反垄断局
外事司		人事司		法规司	法规司
人事司				外事司	外事司
行政司				人事司	人事司

(出所) 表1-1に同じ。

それまでは10前後であったのに対し，2004年以降は14，15と増加している。2002年と2004年版を比較した場合，経済体制改革の研究および立案，産業構造の戦略的調整と強化の推進，地域経済の発展戦略の提案，企業に対する管理といったマクロ・コントロールに関する機能が新たに追加されている。

内部機構の変遷という点でも，国計委期の1989年に26だった機構数が国家経済貿易委員会の権限が強かった2002年には22まで減少しているが，その後2004年以降は26にまで増加し，現状でもそれが維持されている。また，2002年版と2004年版を比較した場合，上記の機能の追加と関連して，経済運行司，産業政策司，中小企業司，環境資源総合利用司といった旧国家経済貿易委員会の経済部門がそのまま発改委に移管されている。さらに，各内部機構の責任者である司長と副司長の変動をみると，2004年の時点で合計93人のうち，19人は旧国家経済貿易委員会の司長，副司長経験者である。また，上記の新たに発改委に移管された経済運行司，産業政策司，中小企業司，環境資源総合利用司については，それぞれ全員，またはほぼ全員の司長，副司長は旧国家経済貿易委員会出身である[11]。

このようにみると，国分良成は2003年の時点で上述のように国計委から国発計委に至る機能の変遷について，「長期低落傾向」であると分析したが，2003年に朱鎔基の退任とともに国家経済貿易委員会が廃止され，その機能が

発改委に移行されてからは，その機能や内部機構の変遷からも，「長期低落傾向」を脱し，むしろ経済運営全般への権限が強化されているといえよう。確かに，中国の行政全体からみれば，とくに90年代以降の「小政府，大社会」を志向した行政改革のなかで社会における行政の役割自体は縮小しつつあるが，そのなかでも発改委は経済運営全般において強力な権限をもつ「最強官庁」へと変容したといえるのではないだろうか。

第3節　日本の経済官庁との比較

　では，このような機能をもつ国家発展改革委員会の特徴を浮かび上がらせるために，日本の経済官庁の機能と比較することを通して考察したい。

　こうした省庁横断的で広範な権限をもつ発改委の特徴は，第5章で詳述するように，2008年5月の四川大地震後の復興活動においても発揮された。たとえば，日本の東日本大震災後の復興活動において，縦割り行政による復興の停滞が問題となったため，省庁横断的な権限をもつことで復興を推進する「復興庁」が2021年3月末までの期間限定で2012年2月に設置された。復興

表1-3　日本の経済官庁の内部機構

経済産業省 （2013年）	公正取引委員会 （2013年）	経済企画庁 （2000年）
大臣官房	官房	長官官房
経済産業政策局	経済取引局	調整局
通商政策局	取引部	国民生活局
貿易経済協力局	審査局	物価局
産業技術環境局	犯則審査部	総合計画局
製造産業局		
商務情報政策局		

（出所）経済産業省ウェブサイト，公正取引委員会ウェブサイトなどから筆者作成。

庁は復興活動全般に関して，①復興に関する国の施策の企画，調整および実施，②地方公共団体への一元的な窓口と支援等を担うとされたが⁽¹²⁾，原発事故をめぐる混乱や日本の政局の不安定化などの要因もあり，設置までに震災後11カ月を要した。これに対し中国では発改委という広範な権限をもち，経済，行政に主導的な役割を果たす機関がすでに存在していたため，復興行政における体制の構築が迅速に進んだといえよう。実際に復興計画の策定について，発改委が他の政府部門をリードする形で推進した。また被災地では震災後の復興需要の増加と，それに伴う便乗値上げにより混乱が生じたが，物価の調整などにおいても主導的な役割を果たし，混乱の沈静化に務めた。このときの状況は日本の1973年の第1次石油危機後の「狂乱物価」を思わせるようなものであった。当時の日本政府は物価の急上昇に際し，「当面の物価対策について」（1973年4月，物価対策閣僚協議会決定），「物価安定緊急対策について」（1973年8月，物価対策閣僚協議会決定），「買い惜しみ売り惜しみ防止法」（1973年7月），「石油需給適正化法」などの対策を講じ，経済企画庁に物価局を設置して，体制強化を図った⁽¹³⁾。中国では発改委が物価全般を統制する機能を有していることから，各地方の発改委や物価局を中心に同様の役割を果たしたといえる。そして，震災後3年以内に復興を完了させるとの目標の下で，スピーディーに復興活動が進められたのは，多分に政治的な意図があったにせよ，発改委の主導によるところは大きいだろう。

おわりに

改革開放以後の中国では市場経済化を志向した改革に対応するため，行政の領域においても「小政府，大社会」として経済のマクロ・コントロールに重点をおく形で，行政の範囲を縮小する改革が段階的に行われてきた。そのなかで党と政府の機能を分離する改革が80年代後半に試みられたが，90年代以降は後景化し，現時点では広東省の順徳を中心に地方レベルで党政連動を

志向した新たな党政関係の調整モデルを創出するに至った。

　計画経済期にその中枢的機能を担った国家計画委員会は改革開放以後はその名称を国家発展計画委員会，国家発展改革委員会と変更するとともにその機能もマクロ・コントロール重視へと転換させてきた。このため「長期低落傾向」が指摘されたが，2003年の国家経済貿易委員会の廃止と発改委への改組以降は再び経済運営全般において強い権限を有するようになり，中国行政全体の「長期低落傾向」のなかで「最強官庁」となった。その機能は日本の行政でいえば経済財政諮問会議や経産省，公取委，旧経済企画庁や厚生労働省，環境省の一部など，省庁横断的であり，非常に広範囲なものとなった。その強大かつ広範な権限がゆえに，国務院の機構改革がおこなわれる度に，発改委の機能の改革も焦点となってきた。2013年の国務院機構改革では政府の許認可権限の見直しを柱とした行政審査制度の改革を本格的に展開していくことが決定されたが，それに伴い国内外で発改委の権限が弱体化されるのではないかとの観測がなされ，あるいはその観測に対する否定的な観測がなされるなど，その改革の方向性が大きな注目の的となっている[14]。いずれにせよ，「最強官庁」「ミニ国務院」であるがゆえに，その改革による影響も大きくなるだろう。

〔注〕

(1) 中国行政改革の沿革の詳細については，渡辺（2004）および同（2008），同（2012a）を参照。
(2) 16都市とは江門，丹東，濰坊，蘇州，無錫，常州，馬鞍山，廈門，紹興，安陽，洛陽，黄石，衡陽，自貢，宝鶏，天水である。
(3) 唐亮によれば党グループはすべての非共産党組織の指導機関の中に設置されており，行政決定や政策原案の作成と党委員会への提出，幹部管理などの役割を果たしている。「対口部」は各級党委員会内に行政機関に対応した形で設置されており，政策指導，部局間調整，幹部管理，思想政治工作に関する指導などの役割を担う（唐1997）。
(4) 国家経済貿易委員会の改革の詳細については『経済日報』（2001年2月21日）参照。
(5) 「関於推広順徳経験在全省部分県（市，区）深化行政管理体制改革的指導意

第 1 章　国家発展改革委員会の機能とその変遷　35

　　　見」http://xzfwzx.shunde.gov.cn/data/2011/08/19/1313738487.pdf（2014/ 4 /23確認）。
(6)　「国務院机構改革方案」http://www.people.com.cn/item/lianghui/zlhb/rd/9jie/newfiles/a1280.html（2014/ 4 /23確認）。
(7)　「国務院机構改革方案（2003年）」http://news.xinhuanet.com/ziliao/2003-03/07/content_763225.htm（2014/ 4 /23確認）。
(8)　「国務院机構改革方案」http://news.xinhuanet.com/misc/2008-03/15/content_7794932.htm（2014/ 4 /23確認）。
(9)　『中華人民共和国国家発展和改革委員会』ウェブサイト http://www.ndrc.gov.cn/（2014/ 4 /23確認）。
(10)　「国务院机构改革和职能转变方案（全文）」『中国機構編制網』http://www.scopsr.gov.cn/xzspzd/zcfb/201305/t20130529_223484.html（2014/ 4 /23確認）。
(11)　経済運行司（馬立強（司長），許之敏，賈銀松，牛建国），産業政策司（劉治（司長），朱明春，王富昌），中小企業司（蘇波（司長），狄娜，陳燕海），環境資源総合利用司（趙家栄（司長），劉顕法，周長益）。
(12)　「復興庁ホームページ」http://www.reconstruction.go.jp/topics/main-cat12/yakuwari.html。
(13)　小峰隆夫編『日本経済の記録 第 2 次石油危機への対応からバブル崩壊まで（1970年代～1996年）』第 2 章13頁，（内閣府経済社会総合研究所 シリーズ『バブル / デフレ期の日本経済と経済政策』第 1 巻）http://www.esri.go.jp/jp/prj/sbubble/history/history_01/analysis_01_01_02.pdf（2014/ 4 /23確認） および秦郁彦編『日本官僚制総合事典1868-2000』（2001年 東京大学出版会）経済安定本部・経済企画庁の項（708-709頁）参照。
(14)　"South China Morning Post" 02 December, 2013.

〔参考文献〕

＜日本語文献＞
加茂具樹ほか編　2012.『党国体制の現在――変容する社会と中国共産党の適応――』慶應義塾大学出版会。
小林弘二　2002.『ポスト社会主義の中国政治――構造と変容――』東信堂。
国分良成　2004.『現代中国の政治と官僚制』慶應義塾大学出版会。
小峰隆夫編　2011.「日本経済の記録 第 2 次石油危機への対応からバブル崩壊まで（1970年代～1996年）」 内閣府経済社会総合研究所『バブル / デフレ期の日本経済と経済政策』歴史編第 1 巻（http://www.esri.go.jp/jp/prj/sbubble/history/his-

tory_01/analysis_01_01_02.pdf）
佐々木智弘 2009.「2008年国務院機構改革と大部門制の分析」佐々木智弘編『転換期の中国——経済成長と政策決定のダイナミクス——』アジア経済研究所。
サルトーリ，ジョバンニ 1992. 岡沢憲芙・川野秀之訳『現代政党学——政党システム論の分析枠組み——』早稲田大学出版部 2009。
関山健 2008.「市場化のカギとなる発展改革委員会の解体——最強官庁にメスを入れられるか——」『週刊東洋経済』（6141） 5月3—10日合併号 58-59。
趙宏偉 1999.「中国の行政改革」日本比較政治学会編『世界の行政改革』早稲田大学出版部 153-174。
陳言・福田恵介 2005.「成長を牽引する国家発展改革委員会——中国経済を動かす人・組織の研究——」『週刊東洋経済』2005年9月3日号。
唐亮 1997.『現代中国の党政関係』慶應義塾大学出版会。
秦郁彦編 2001.『日本官僚制総合事典1868-2000』東京大学出版会。
山口定 1989.『政治体制』（現代政治学叢書3）東京大学出版会。
渡辺直土 2004.『現代中国の行政改革——「政党国家」体制の変容と支配の正統性——』（大阪外国語大学博士論文シリーズVol.33）大阪外国語大学言語社会学会。
———2008.「現代中国の行政改革——政府機構改革・党政関係・正統性——」西村成雄 許衛東編『現代中国の社会変容と国際関係』第6章，汲古書院 101-117。
———2012a.「現代中国の行政改革の新動向——『大部制』改革の現状について——」（大阪大学中国文化フォーラム・ディスカッションペーパー No. 2012-3）（http://www.law.osaka-u.ac.jp/~c-forum/box2/dp2012-3watanabe.pdf）
———2012b.「現代中国政治体制における正統性原理の再構成」『現代中國研究』(31) 10月 71-86。

＜中国語文献＞
遅福林, 田夫主編 1998.『中華人民共和国政治体制史』中共中央党校出版社。
甘峰 2002.『中国加入WTO与政府改革』浙江大学出版社。
桂世鏞・唐鉄漢主編 1998.『鄧小平行政理論与我国政府機構改革』国家行政学院出版社。
国家行政学院課題組 2010.「順徳政府機構改革的新思路」『行政管理改革』2010年第8期。
孔昭林 2001.『機構革命－地方政府機構改革的対策性研究』中国文史出版社。
新華社《中国政府機構名録》編輯部編『中国政府機構名録』。
任進 2011.「大部制視閾下的中外政府機構：比較与啓示」『行政管理改革』2011年第3期。

任暁 1998.『中国行政改革』浙江人民出版社。
汪玉凱 2010.「大部制改革的順徳模式」『人民網』2010年5月27日。
許耀桐 2011.「順徳大部制改革"石破天惊"」『人民網』2011年8月24日。
葉小文 2011.「深化行政体制改革」『人民網』2011年7月14日。
張湛彬 2000.「"第七次革命"：政府機構改革進展体制及問題」『当代中国史研究』2000年7月第7巻第4期：72-80。

<英語文献>
Burns, John P. 2003. "Downsizing" the Chinese State: Government Retrenchment in the 1990s. *The China Quarterly* (175) September: 775-802.
Brodsgaard, Kjeld Erik. 2002. Institutional Reform and the Bianzhi System in China. *The China Quarterly* (170) June: 361-386.
――――2012. Politics and Business Group Formation in China: The Party in Control? *The China Quarterly* (211) September: 624-648.

<ウェブサイト>
人民日報ウェブサイト
中国国家発展改革委員会ウェブサイト（http://www.ndrc.gov.cn/）
今日恵州網（http://www.huizhou.cn/）
順徳区行政服務中心ウェブサイト（http://xzfwzx.shunde.gov.cn/）
新華網（http://news.xinhuanet.com）
人民網（http://www.people.com.cn/）
中国共産党新聞（http://cpc.people.com.cn/）
中国人大新聞（http://npc.people.com.cn/）
中国機構編制網（http://www.scopsr.gov.cn/）
経済産業省ウェブサイト（http://www.meti.go.jp/）
公正取引委員会ウェブサイト（http://www.jftc.go.jp/）
復興庁ウェブサイト（http://www.reconstruction.go.jp/topics/main-cat12/yakuwari.html）

第2章

産業政策の策定と実施における
国家発展改革委員会の地位と役割

趙　英

（監訳：佐々木智弘）

はじめに

　国家発展改革委員会（以下，国家発改委）はその誕生[1]の瞬間から中国の経済と社会の発展に対し総体的な設計や規画（中国語の「規劃」をそのまま日本語「規画」で表す―監訳者注），推進，マクロ・コントロールを行う責任を負ってきた。1949年10月の中華人民共和国成立から60年あまりのあいだに国家計画委員会は徐々に現在の国家発改委へと姿を変えた。その業務形式や戦略目標，組織構成のいずれにも大きな変化があった。しかし中国の経済と社会の発展におけるその重要な役割に何ら変化はなく，政府による経済のマクロ・コントロールにおける中核的な地位も，産業政策の制定策定および実施における決定的な影響も変わることがなかった。

　本章では1990年代末から2013年までの産業政策の策定と実施過程における国家発改委の地位と役割の変化，すなわち国務院（中央政府に相当）の経済のマクロ・コントロール，産業政策の策定，実施過程における権限の変化，他の経済管理官庁とのあいだの権限の分配の変化について明らかにする。

　1990年代末から2013年までに，中国では3度の重大な政府機構改革があった。このことは，中国の経済管理体制の改革がとどまることなく進行してい

ること，中国政府の経済全体に対する管理の理念と管理方式が大きく変化したことを示している。また，国家発改委の存在形態および産業政策の策定と実施における役割が徐々に変わり，現在の中国政府の産業政策策定と実施の基本的な型ができ上がっていった。

第1節　計画経済体制の変革と政府機構の役割

1．「計画」から「規画」への変更

　産業政策の策定，実施過程における国家発改委の権限と地位の変化を理解するには，まず中国の計画経済体制の変革と計画経済体制における政府機構の役割について分析しなければならない。そうすることで「計画」から「規画」への転換のなかで発生した権限の変化をよりよく理解することができる。
　1949年10月の中華人民共和国成立から1990年代中期まで，計画経済は常に中国の経済発展のなかで主導的な地位を占めてきた。
　計画経済のおもな特徴は，あらゆる新規建設プロジェクトを国が一元的に着手し，審査承認し，実行に移す点にある。政府の財政や金融，物資，人材資源，外貨はすべて国家の計画指令に基づいて分配される。ゆえに国家計画委員会が主導的地位を占めてきたのであり，それが制定した「五カ年計画」は行政的な強制力を有する。計画経済体制の下では投資の分配やプロジェクト投資の管理が経済管理の核心であった。他の経済管理官庁は国家計画委員会が制定した「五カ年計画」に定められた枠組みのなかで，それぞれの分野に関する活動を行った。各経済管理官庁は自らの利益を代表して，自らの見方や意見をもつことができ，また当該産業のために計画の範囲内でより多くの資源を得るために競争することができた。しかし国家計画委員会の計画の範囲を逸脱することは難しかった。計画経済体制下の行政命令式指導を産業政策のひとつの特殊な形とするならば，国家計画委員会は産業政策策定と実

施体系のなかで絶対的な主導的地位を占めることができたのである。

　計画経済体制下での経済管理官庁の権限はおもにプロジェクト建議権，承認権，資源使用権である。前二者においては国家計画委員会が権限上の絶対的な優位を有しており，後一者は各工業専門管理官庁が比較的大きな権限をもっていたが，それでも国家計画委員会の監督と規制を受け入れなければならなかった。

　改革・開放の段階が進み，国内の資金源が日増しに多元化したこと，財政体制改革によって国家財政全体における中央財政と地方財政の比率が変わったこと，企業の自己資金が徐々に増加したこと，大量の外資が中国に入ってきたこと，企業の自主性が高まったことにより，国家計画委員会がおもに資源を計画的に分配するという従来の管理方式にかなりの衝撃を与えた。そして中央当局も市場の基本的な役割を認めることとなった。

　2005年10月に開かれた中国共産党第16期中央委員会第5回全体会議において「国民経済と社会発展の第11次五カ年（「十一五」）規画策定に関する中共中央の建議」が審議された。中央によるマクロ経済中長期計画が正式に「計画」から「規画」へと名称変更された。

　中国は，1953年スタートの「第1次五カ年（「一五」）計画」から五カ年計画という枠組みと体制を編制，実施し，すでに50年以上の歴史を有する。改革が進むと，中国の経済体制環境に大きな変化が現れた。これまでの五カ年計画と異なり，「十一五」規画策定の大きな背景には，社会主義市場経済体制が一応確立されたことがある。

　統計によれば，2005年までに中国の商品資源の95％以上が市場を経て配分されるようになり，国が価格を制定する商品は5％に満たない。社会の主要商品のうち，需要と供給のバランスがとれているものおよび供給が需要を上回っているものがすでに99％を超えている。労働力市場，資本市場，不動産市場，技術情報市場等を含む市場体系は改善の一途をたどっている。WTO加盟以来，中国経済の世界市場との融合が進んでいる。商務部公平貿易局（「局」は日本の中央官庁の「局」に相当―監訳者注）が委託した最新の研究では，

中国経済の市場化水準は73.8％に達し，とうに市場経済の臨界値（市場化指数60％）を超えており，発展途上の市場経済国家であることは間違いない。

　計画から規画への変更は，中国が計画経済から市場経済に転換するプロセスの中のひとつの歴史的座標である。規画の特徴は，具体的かつミクロの指標を示す産業発展計画からマクロな計画へと変更したことにある。

　資源配分については，おもに政府が直接決定するのか，それとも市場で調節されるのかが計画と規画の根本的な違いである。規画の最大の特徴は，政府による企業の経営や方針決定への直接関与がなくなったこと，ミクロ経済における経済主体の具体的活動に対する拘束力がなくなったこと，地方政府の判断で資源配分ができるようになり，指令型の計画がなくなったことである。規画で提示される目標は，市場の科学的予測をベースとして成り立っている。

　ほとんどの業種（中国語で「行業」—監訳者注）にとって，規画は市場メカニズムを基礎としており，企業が自主的に投資の方向性を決定している。投資の効果と利益が資源引き入れの流れを決定づける要素となる。資源配分に対し国家規画の指導的役割が発揮されると同時に，市場の基礎的な役割も十分に発揮される。業種規画はおもに産業発展の見通しや戦略の重点，戦略的措置に対する総括的な分析と論述から成り，各業種ごとの発展プロジェクトに対しては具体的な規定はしない。規画の中からはすでに競争型業種の各種具体的指標が消えている。

　「十一五」規画策定過程で，国家発改委責任者が次のように明確に語っている。国民経済と社会発展の全方面にわたる重大な戦略的問題をしっかりと見極め，戦略的方針，戦略的任務，戦略的配置，戦略的措置と重大政策を際立たせるものとし，多すぎたり細かすぎる量的指標を設定するのは好ましくない。規画ではマクロ性，戦略性，指導性を際立たせるものとし，規画における指標は少数かつ絞ったものとし，全体的に見れば予見性があり指導的なものとする。

　事実，「第9次五カ年（「九五」）計画」，「第10次五カ年（「十五」）計画」時

期にはすでに関係官庁が刷新の道を探し始めており，手順と方法の編制や透明度の向上等の面で多くの進展がみられていた。「十一五」規画では社会の発展，公共サービス，生態環境面の指標を強化し，財政や税金等公共資源配分の重要な拠り所となった。

　計画と比べ，規画には「柔軟性」が加わった。規画では「制約性」指標（政府の責任で実現しなければならない指標―監訳者注）と「予期性」指標（市場メカニズムにより実現をめざす指標―監訳者注）が設定される。また経済の発展状況により，すべての産業が個別の「五カ年規画」を制定しなければならないわけではない。たとえば自動車産業は個別の「十一五」規画と「第12次五カ年（「十二五」）」規画を策定していない。

2．投資体制改革にみる「規画」への変更の影響

　計画から規画へ移行したことを受け，国家発改委は従来の計画を通じて産業政策に影響を及ぼす方式，方法を改革した。ここでは，2004年7月26日に国務院が公布した「投資体制改革に関する決定」（「決定」）をもとに，投資体制改革を事例にその変更の影響をみてみたい。

(1) 4つの改革措置

「決定」では以下のとおり4つの改革措置が示された。

　ひとつは企業投資プロジェクトの審査承認制（中国語の「審批制」―監訳者注）を減らし，確認許可制（同「核准制」―監訳者注）と併用する。今後，政府投資による資金を利用しない企業の建設プロジェクトについては一律審査承認制を実行しない。政府はその中の重大プロジェクトと規制にかかわるプロジェクトについてのみ確認許可を行い，その他のプロジェクトには届出制（同「実行備案制」―監訳者注）を実施する。

　ふたつめは政府の投資機能の境界を合理的に定める。政府投資はおもに国家の安全や，市場では有効に資源を配分することができない経済，社会分野，

公益性の強化や公共インフラ建設，生態環境の保護と改善，未開発地域の経済，社会の発展促進，科学技術の進歩とハイテク産業化の推進に用いられる。直接投資，資本金の注入，投資補助，転貸と融資助成等の方式で各種の政府投資による資金を合理的に使用する。

　三つめは経済手段（財政政策や金融政策など），法律および行政手段を総合的に運用し，社会全体の投資に対し間接的コントロールを行う。

　四つめは政府投資に対する管理監督をより完全なものとし，政府投資の責任を追究できる制度を定め，政府投資抑制，均衡メカニズムを健全なものとし，政府投資プロジェクト評価制度と社会による監督メカニズムを構築する。社会投資に対する監督管理を強化，改良し，健全に共同作用できる企業投資監督管理体系を構築する。企業の投資活動に対する監督を法に基づき強化し，企業投資の信用制度を制定する。投資仲介サービス機構に対する監督管理を強め，コンサルティングや評価，入札募集代理等の仲介機構に対しては資質管理を行う。

(2) 確認許可制と審査承認制

　確認許可制と審査承認制の違いはおもに3つの面に現れている。第1に適用範囲が異なる。審査承認制は政府投資プロジェクトおよび政府資金を利用した企業投資プロジェクトにのみ適用される。確認許可制の場合は，企業が政府資金を利用せず投資，建設する重大プロジェクトや規制にかかわるプロジェクトに適用される。

　第2に，チェック（中国語で「審核」―監訳者注）内容が異なる。過去の審査承認制では，政府は社会管理者としての立場および所有者の立場から企業の投資プロジェクトを審査し，許可していた。確認許可制では，政府は社会と経済を公共管理するという立場で企業の投資プロジェクトを審議する。チェックの内容はおもに「経済の安全維持，資源の合理的開発と利用，生態環境の保護，重大な配置の最適化，公共の利益の保障，独占の発生防止」等の方面であり，投資者に代わってプロジェクトの市場での見通しや経済効果と

利益，資金源と製品技術プラン等に対して確認許可を行うことはない。

第3に，チェックの手順が異なる。審査承認制では通常「プロジェクト提言書」，「実行可能性調査報告」(「フィージビリティスタディレポート」〔FSレポート〕)，「着工報告」の承認という3つの段階を経る。一方，確認許可制においては「プロジェクト申請報告」のひとつだけである。

(3) 3つに分類されたプロジェクト

「決定」では，プロジェクトが大きく3つに分類された。

①審査承認制を適用するプロジェクト

国務院が承認する発展建設規画の企業投資プロジェクトは，国家発改委が確認，許可した後に，原則として国務院がFSレポートを審査，承認する。

特定プロジェクト（専項）のうち国務院が決めた規定があるもの，もしくは国務院が承認する規定があるものは，それらに従って実施する。

「外商投資産業指導目録」の分類に照らし，投資総額（増資額を含む，以下同じ）が1億ドルおよびそれ以上の奨励類，許可類プロジェクトと投資総額5000万ドルおよびそれ以上の制限類プロジェクトは国家発改委がプロジェクト申請報告を確認，許可する。そのうち投資総額が5億ドル以上の奨励類，許可類プロジェクトと投資総額1億ドル以上の制限類プロジェクトは国家発改委がプロジェクト申請報告をチェックした後，国務院に報告し，確認，許可される。投資が1億ドル以下の奨励類，許可類プロジェクトと投資総額5000万ドル以下の制限類プロジェクトは地方発展改革委員会が確認，許可し，そのうち制限類プロジェクトは省級発展改革委員会が確認，許可する。本分類中のプロジェクトの確認許可権限を下位部門に移譲してはならない。地方政府は，関連の法規に前記プロジェクトの確認，許可について別段の規定がある場合はその規定に従う。

②確認許可制を適用するプロジェクト

「政府が確認許可する投資プロジェクト目録」(2004年版) が定める13のプロジェクト（農林水利，エネルギー，交通運輸，情報産業，原材料，機械製造，

軽工業とタバコ，新ハイテクノロジー，都市建設，社会事業，金融，外商投資，大陸中国外からの投資等）は，国務院投資主管官庁と地方政府投資主管官庁が確認の上許可する。このうち省級政府は現地の状況とプロジェクトの性質に基づいて具体的に各級地方政府投資主管官庁の確認許可権限を区分することができる。

③届出制を適用するプロジェクト

審査承認制と確認許可制による管理を適用するものを除きすべて届出制とする。届出制の具体的実施方法は省級政府自身が制定する。

(4) 国家発展改革委員会の対応

審査承認制から審査承認制と確認許可制の併用に移行したことにより，国家発改委が中国の新しい経済管理体制のなかで巧妙に投資に対する関与方式を転換し，投資に対する強大な影響力を保つと同時に市場経済体制に適応し，ある程度弾力性をもって経済発展に関与し，産業政策の策定と実施に強くかかわることのできるルートと政策的ツールを手に入れた。実際の実施過程においては，行政権限として確認許可制を柔軟に運用できるため，国家発改委は産業発展に比較的大きな影響を与える手段を手に入れた。たとえば，理論上は届け出ればよいものに属するプロジェクトで確認許可の必要がなかったとしても，届出，報告の後で国家発改委は「態度保留」とすることで自らの否定的見解を表すことができる。

中国の改革・開放のプロセスのなかで，計画経済体制が徐々に解体されるに伴い，産業政策の内容と手段は日増しにその種類を増やし，中国の経済発展における役割も存在感を増している。これと同時に1990年代末から現在までに，政府の財政は競争型業種から徐々に撤退を進めており，計画経済体制下における従来の投資コントロールを中心とした産業政策体系の転換を招いた。またこれを受けて国家発改委が有する産業政策の策定や実施に関する権限を他の部門が要求するようになった。

中国社会科学院財経戦略研究院の報告[2]によれば，2013年度報告と2007年

度報告を比べると，公共財政建設十大要素指標のうち競争型業種からの財政の撤退を反映する非営利化指標が唯一ポイント累計を下げている。また6割を超える競争型業種の企業では，投入される資金全体に占める国家予算内資金の割合が持続的に下がっており，その割合はかなり低くなっている。しかし，各地方政府の予算内資金の投資先業種は広がっている。

『中国固定資産投資統計年鑑』の2011年版[3]によれば，全競争型業種614のうち国家の予算内資金が投入されている業種は2010年で382（割合62.05％），2009年で386（62.87％），2008年が307（50％）2004年が252（41.04％）となっている[4]。

国家予算内資金の投入方向の変化をみると，中央の投資を通じて直接経済発展をコントロールする能力が変化している一方で，中央がいまだに直接投資を通じて経済発展に強く影響を及ぼす力を有していることを示している。国家発改委が投資の方向性や規模に影響を及ぼすことで産業政策に対する中心的影響力を維持するための条件を創出しているのである。

国家予算内資金の投入方向の変化に伴い，各官庁の影響力は財政資金を配分する権限よりもプロジェクトを審査，承認する権限が重要となったのである。この点において，国家発改委は自らの権限の運用方法が変わったとしても，引き続き産業政策の策定と実施における主導権を維持する道を見つけたのである。

第2節　国家発展改革委員会への改組と産業政策の策定と実施における権限

国家発改委は歴史的にその前身から豊富な経験を積み，中華人民共和国成立以降，最も長い歴史と最も大きな権限を有する経済管理官庁として，外部の変化に対して適応する豊かな経験をもつ。とくに指摘すべき点は，他の経済管理官庁と異なり，学習に優れた官庁であり，長期的な戦略的視点をもっ

ていることである。国家発改委は自らのブレーン機関——マクロ経済研究院を擁しているだけでなく，その内部にはさらに学術委員会を設置し，当該機構に政策理論研究を専門的に行わせ，毎年研究課題の評価と表彰を行っている。これは他の経済管理官庁にほとんどみることのできない形式である。それが度重なる改革のなかで生き残り，新しい発展方向や存在の合理性を提示し，さらには自らの権限拡大を可能とした重要な要因である。

1．国家経済貿易委員会の設立と廃止

1998年の政府機構改革において，国家発改委は産業政策の策定と実施にかかわる権限の多くを失った。そしてその権限は1993年に設立した国家経済貿易委員会（国家経貿委）に委譲された。しかし，国家発改委は国家経済計画の制定や産業発展計画，区域発展規画の制定，投資規模のコントロールとプロジェクトの審査，承認を通じて[5]，さらに「外商投資産業指導目録」と「産業構造調整指導目録」の制定過程で主導的役割を果たし産業政策に対し非常に強い影響力を保ってきた。価格や土地，環境評価，市場秩序の維持，区域発展規画等の手段を利用するマクロ・コントロールを学習し，その役割を拡大した。その結果，今なお産業政策の策定と実施プロセスにおける中心的な地位と権限を保持している。

指摘すべきは，国が制定する西部開発戦略や東北地区などの古い工業基地の振興戦略等の区域戦略の策定と実施は発改委がおもに担当している点である。それ故に産業移転や産業基地建設等の方面でも国家発改委は権限を拡大することができたのである。

しかし，国家発改委には産業政策策定におけるライバルとして国家経貿委が存在した。1990年代後半の国家経貿委の台頭は次の点に現れた。産業投資では，国家経貿委が「技術改造投資」をコントロールする権限を通じて国家財政投資に対しある程度の影響力を獲得した。輸出入貿易に対する影響力（主要な権限は依然として当時の対外経済貿易合作部にあった）を通じて産業政

策に対しても一定の影響を及ぼした。産業技術政策を通じて比較的大きな影響力を獲得した。国有企業の改編や改造を通じ，重要企業や業種に対する影響力も獲得した。立ち後れた生産能力を淘汰することで，産業の発展に対する発言力を増した。国が正式に与えた機能からみると，産業政策策定の主要任務は国家経貿委が果たしていた。

しかし，国家経貿委の権限は個別の経済分野に過度に集中していた。2003年の政府機構改革ではそれらが削減されてしまい，その一方で国家発改委がそのマクロ・コントロールの権限すべてを受け継ぎ，空前の巨大な権限をもった経済管理官庁が生まれたのである。その機能には次のものが含まれる。業種規画，産業政策，経済運営の調節，技術改造投資の管理，さまざまな所有制の企業に対するマクロ指導，中小企業の発展促進，重要な工業品や原材料の輸出入計画等である。国家発改委は再び国務院で唯一のマクロ経済を管理し協調させる組織となり，同時に旧国家経貿委が有していた短期的経済運営協調機能を吸収することによってミクロ経済面に深く関与できる組織となった。

この改革以降，国家発改委は産業政策の策定と実施において主導的な地位を獲得し，ライバルとなる官庁はなくなった。それは国務院が正式に公布した「自動車工業産業政策」(改訂版)，「鉄鋼業産業政策」がいずれも国家発改委の主導で策定されたことで証明された。

さらに旧国家経貿委のマクロ経済に対する短期的な調整機能を吸収したことから，国家発改委の産業政策に対する影響力はさらに強まった。とくに産業技術政策や産業貿易政策，産業規画策定等の面で明らかに強化された。

2．工業情報化部の設立

2008年の政府機構改革では工業情報化部が設立された。国務院は国家発改委の機能の一部を工業情報化部に振り分けた。具体的には次のとおりである。(1)工業発展戦略の研究，提出。(2)工業業種規画と産業政策の立案，実施。(3)

工業業種技術法規と業種標準の立案，指導。(4)国務院が定める権限に従い，国家規画内と年度計画規模内の工業，電気通信業と情報化固定資産投資プロジェクトの審査，承認，確認，許可。(5)ハイテク産業のうちバイオ医薬品，新材料等にかかわる規画，政策，標準の立案，実施。(6)装備製造業の指導と協調。(7)国家重大技術装置規画の編制と関連政策の調整。(8)工業の日常的運営の監視。(9)工業，電気通信業の省エネ，資源の総合利用，クリーン生産促進業務。(10)中小企業に対する指導，支援などである。

工業情報化部の設立は，表面的には産業政策の策定において国家発改委に再び新たなライバルが登場したかにみえた。しかし実際には工業情報化部の機能は国家発改委の産業政策策定における中心的な権限と衝突するところはなかった。旧国家経貿委から国家発改委に移された権限のうち核心となる部分はすべて国家発改委が保持し，それ以外のいくつかが工業情報化部に移されたにすぎなかった。

自動車工業を例にとると，発展規画の策定や産業発展の方向の確定，大型プロジェクトの審査承認，消費政策の策定等の機能はそのまま国家発改委に残され，その他の産業技術の方向性の確定や標準の管理，運営の調整，目録管理（後に公告管理に変更）が工業情報化部に移された。

国家発改委と工業情報化部について，産業政策策定と実施にかかわる機構の設置と職責を比較すると，次のようになる。

まず産業政策策定と実施の機能およびその権限について，国家発改委は工業情報化部より広範である。国家発改委は工業の各業種の産業政策策定と実施にかかわる権限だけでなくサービス業や基礎産業に対しても産業政策策定と実施の主導権を握っている。

具体的には産業規画（中長期規画と短期規画を含む）の策定，重大特定プロジェクトの実施，工業とサービス業発展の重大問題の調整と解決，国家産業技術研究・開発資金と一元化された国家財政型建設資金の手配，ハイテク産業の重大建設プロジェクトの審議とその配置の協調，重大産業化模範工程，電子政務，情報の安全，科学技術インフラ，工学研究センター，工学実験室，

重要産業技術開発等の重大プロジェクトの審議と実施，科学技術重大特定プロジェクトの協調と実施への参加，重大技術装置の利用と普及に関する重大問題の調整と解決，重要技術装置国産化の総合政策の提言の提出，重要かつ大型の設備の輸入コントロール等の機能を通じてマクロ政策に対する発言権と関与権を獲得しただけでなく，具体的かつミクロ的な重大プロジェクト決定権，関与権を獲得した。

これに対して工業情報化部は工業の各業種および電気通信業の産業政策策定と実施の部分的権限しかもっていない。

つぎに，短期経済のコントロールや関与においても国家発改委の政策設計の権限と実施の権限は工業情報化部よりも大きい。国家発改委経済運行調節局と工業情報化部運行監測協調局の機能と権限を比べると，実際に短期的な経済調整のおもな権限は国家発改委にあることがわかる。旧国家経貿委の有していた機能が国家発改委に残っているといえる。

さらに，国家発改委は産業政策策定においてさまざまな業種管理部門を設置しているが，工業情報化部の関係専門部門と比べると[6]，各業種の主要規画，重大プロジェクト等に関与し政策を策定できるだけであり，具体的な詳細事項（たとえば技術標準の確定等）にまで手を入れることは難しい。工業情報化部は産業政策の策定，実施において詳細事項を確定する点である程度の優位性をもち，実施時においてはその優位がさらに明瞭になる。

以上の比較から，産業政策を策定する際には国家発改委と工業情報化部はある種の分業体制となっているということもできる。国家発改委は産業政策策定の大まかな方向性と戦略的問題の責任を負い，工業情報化部は政策を詳細化し，実施する責任を負う。

3．エネルギー監督管理部門の再編

エネルギーの監督管理体制をより完全なものとするため，2008年7月，国家エネルギー（中国語で「能源」―監訳者注）局が創設され，国家発改委の管

轄になった。具体的な職責は，エネルギー発展戦略，規画，政策の立案，体制改革に関する提言の提出，石油，天然ガス，石炭，電力等エネルギーの管理，国の石油備蓄の管理，新エネルギーの発展とエネルギー業種の省エネ政策措置の提出，エネルギーの国際協力の展開である。

　2013年には国家エネルギー局，国家電力監督管理委員会（電監会）は，職責が統合され，電監会が廃止され，新たな国家エネルギー局として再編された。そのおもな職責は，エネルギー発展戦略，規画，政策の立案と実施，エネルギー体制改革についての提言の研究と提出，エネルギーの監督管理である。再編後の国家エネルギー局はそのまま国家発改委の管轄下とされた。これにより国家発改委は事実上エネルギー規画，エネルギー大型プロジェクト管理の権限を獲得すると同時に国のエネルギー産業政策の策定と推進に対する主導権を獲得したことになった。

第3節　産業政策の策定と実施における国家発展改革委員会の主導権の相対的低下

　3度にわたる政府機構改革を経ても国家発改委は産業政策の策定と実施における主導権を保持し続けただけでなく，他の経済管理官庁と比べれば強化されたといってもよい。しかし1990年代末から産業政策の策定と実施における国家発改委の主導権は全体的にみると相対的に低下しているのである。

1．国家発展改革委員会以外の政府部門の参加

　計画経済体制の終わりに伴い，経済発展に対する投資計画や規画の役割が大幅に低下した。同時に投資計画や規画を産業政策の支柱としてきた既存の産業政策体系に変化が生じ，一方で他の産業政策の地位と役割が高まっていったため，国家発改委の産業政策の策定と実施過程における役割が弱まって

いった。

　計画，規画を通じて資源を分配する時代がすでに過去のものとなった今，産業政策の策定と実施における主導権を握ることは即ち経済のマクロ・コントロールにおける主導権を握ることにほかならなかった。産業政策の策定と実施の権限は経済の発展過程で管理，審査承認，監督を行うある程度の権限をもたらした。これは経済管理官庁にとって非常に魅力的なものであった。その結果，産業政策の策定と実施過程が国務院の各経済管理官庁による計画策定過程の資源分配をめぐる駆け引きの場から，産業政策の策定と実施における主導権を争う駆け引きの場に変わっていった。

　国家発改委には審査承認権を有する部門が少なくない。基礎産業司（「司」は日本の中央官庁の「局」に相当—監訳者注）の他，投資司，経済運行調節局，高技術（ハイテク）司，外資司，経貿司等いずれもプロジェクトや価格等の管理権を保持している。しかし，国家発改委が依然として産業政策の策定過程で相対的に主導的な地位にあるとはいえ，市場化が進み，産業政策の手段や形式の種類も増えていることから，産業によっては主導権が国家発改委の手中にあるとはいえなくなっている。

　たとえば産業技術政策は21世紀初頭の産業政策体系のなかでその地位を高めており，工業情報化部，科学技術部が産業技術政策とイノベーション政策の策定において大きな権限を獲得している。このうち科学技術部は自主的イノベーションを奨励する一連の比較的整った政策を策定することによって，産業政策体系のなかで相対的に独立した体系をつくり上げた。

　外資参入政策の審査承認および確認許可については国家発改委が主導しているが，商務部もWTOの関連規定を後ろ盾に大きな影響力をもっている。たとえば自動車工業の合弁企業の外資持株比率が50％を超えてはならないという規定に対しては，外資の持ち株比率をさらに高めたい商務部が国家発改委と駆け引きを行っており，商務部は中国（上海）自由貿易試験区の外資参入審査でも主導的地位を保っている。

　国土資源部は土地利用の審査承認権をもっているため，プロジェクトの実

際の審査承認，実行過程で大きな権限を有している。

2．国家発展改革委員会の対応

　他のマクロ・コントロール部門の権限と政策決定への影響力が相対的に上がっており，とくに財政官庁や金融官庁にそれがよく現れている。計画経済体制の下では，財政官庁，金融官庁は計画に基づいて財政資源，金融資源の配分を行っていた。21世紀に入ってからは，財政政策，金融政策の決定や財政手段，金融手段の運用において相対的に独立性を獲得し，国家発改委の財政官庁，金融官庁に対する影響力は低下し，財政政策，金融政策に対する影響力も低下した。

　そして，地方の財政力が上がり，資源配分能力も向上したことから，地方政府が産業政策をどのように実施し徹底していくかを決め自由に活動できるようになった。2013年の政府機構改革により，国家発改委の多くのプロジェクト審査承認権が取り消され，地方政府に移譲された。これにより国家発改委の実際の権限はさらに低下した。

　また，政府機構改革が進むにつれて一般大衆が政策決定に参加する機会が増え，そのルートも増加した。中国が加盟する国際組織や締結した国際条約も増え続け，国家発改委が他の経済管理官庁に関与できる影響力に制約が生じた。たとえば2001年のWTO加盟後，産業保護政策の策定と実施は中国のWTO加盟時のコミットメントに従わなければならなくなっただけでなく，主導権もかなりの程度で商務部に移行した。

　改革が進むにつれ，中央が国家発改委の具体的な経済事務への管理権限の縮小を図った。さらに他の官庁や一般世論の圧力を受けて，国家発改委は管理方式を変えざるを得なくなった。具体的には内部機構の簡素化，国務院が定める具体的機能から人員編制まで，国家発改委が産業政策を具体的に実行に移す際にも，原則的指導を実施しないわけにはいかないが，他の官庁に具体的な実行を委託し，他の官庁と共同で実施することとなった。

また，専門知識の不足や情報の非対称性などにより，国家発改委はマクロ・コントロールに精通した官庁ではあったが，産業内の技術，産業問題に対してはそれほど明瞭に理解していなかったため，これが原因で業種仲介機構や専門家，企業家の役割が大幅に増大した。これらがこれまでの工業専門管理官庁に取って代わったといえる。

最後に，中国経済界およびその他の経済管理官庁，学会には一貫して国家発改委に過度の権限が集中しており，市場メカニズムを発揮させる改革を阻んでいるのではないかという論調が存在する。したがって国家発改委もやむなく，できるだけ経済への過剰な関与を減らし，政策の策定と実施において他の官庁と一般大衆の意見を聞かざるを得なくなった。

第4節　事例研究——新エネルギー自動車の産業政策の策定と実施——

本節では，産業政策の策定と実施における国家発改委の主導権が相対的に低下したことを，新エネルギー自動車の産業政策の策定と実施を事例として，確認することにする。

1.「自動車産業の調整と振興規画」の策定

自動車産業政策の策定，とりわけ総合的な自動車産業政策の策定は，これまで国家発改委が主導してきた。しかし，比較的早くから新エネルギー自動車の開発を進めてきたのは科学技術部や工業情報化部だった。

「九五」計画の間（1996～2000年），科学技術部などの部門は関係する研究プロジェクトに5000万元の経費を投入した。科学技術部が援助した「クリーンカー・アクション」において，電気自動車のプロジェクトが占めていた比率は決して大きなものではなかった。電気自動車を真に中国の新エネルギー

自動車の開発の核心的なものとしたのは，「十五」計画の段階である。当時同済大学新エネルギー自動車工程センター主任の万鋼氏（2007年4月に科学技術部部長に就任—監訳者注）をチーフとして，13名の専門家で構成された重要特定プロジェクト専門家チームは，中国の新エネルギー自動車の開発のために，重要な意義をもつ「三縦三横」（「三縦」とはハイブリッド自動車，電気自動車，燃料電池自動車。「三横」とはマルチ電源連系システム，駆動制御システムと電池制御システムのこと）総合路線を提出して，研究開発と産業化の理念を明確に示した。

「十五」計画の間（2001〜2005年），新エネルギー自動車はおもに国による財政投入が主で，大学等が研究プロジェクトを担当したが，企業はまだ積極的ではなかった。2001年に電気自動車特定プロジェクトプランニングチームが設置されてから，ふたつの五カ年規画を経て，中国の新エネルギー自動車は完成車を基盤とし，動力システムを中心として，キーパーツのボトルネックとなっている技術とシステムの集積技術を突破して，基礎研究は絶えず深められ，公共サービスプラットフォーム（検査技術，技術開発，人財育成，情報などに関する公的機関が運営するプラットフォームのこと—監訳者注）が打ち立てられて，「三縦三横」の研究開発の布陣が構築され，省エネと新エネルギー自動車の総合的な研究開発システムが形成されて，新エネルギー自動車という戦略的な新興産業の形成を推し進めた。

「十一五」計画の期間に国が支出した経費は11億6000万元に達し，技術開発や公的サポート，モデル普及等の面の課題270項目をアレンジして，企業や地域などの資金投入は75億元を超えた。科学技術部の指導の下，この重要プロジェクトの総合専門家チームは統一されたプランニングと仕事や人員の手はずを整え，全部で432の組織，1万4600人が重要プロジェクトに関する課題の研究開発事業に参加した。

「十一五」規画を策定する際に，新エネルギー自動車が考慮されたとはいえ，全体的にみるとやはり主要なものは科学研究計画であって，科学技術部によって推進されていた。しかし，2008年にリーマンショックなどによる国

際的な金融危機が発生すると，中央はその影響を受けて中国経済の落ち込みが加速するのを防ぎ，2009年の経済成長8％を維持するという目標を実現するために，4兆元の経済刺激策を打ち出した。国務院は2009年1月から2月にかけて，相次いで自動車産業，鉄鋼業，設備製造業，紡績業，造船業，電子情報産業，軽工業，石油化学工業，非鉄金属工業，物流の十大産業の調整振興政策を打ち出した。「自動車産業の調整と振興規画」は2009年1月14日に開かれた国務院常務会議で原則採択され，最も早く国務院で採択された規画のひとつとなった。

「自動車産業の調整と振興規画」の策定と提出は国家発改委によって主導された。「自動車産業の調整と振興規画」では，「電気自動車の生産と販売は一定の規模に達している。現有の生産能力を改造して，50万台の純粋な電気自動車やプラグインハイブリッドと通常のハイブリッド等の新エネルギー自動車の生産能力を形成して，新エネルギー自動車の販売数が乗用車販売数全体の約5％を占めるようにする。おもな乗用車生産企業は認証を受けた新エネルギー自動車製品をもつこと」を提起し，「電気やプラグインハイブリッドと通常のハイブリッド」を新エネルギー自動車として，普及・育成するというのが国家発改委の意見であった。これ以前には科学技術部は水素燃料自動車をより重視していた。しかし産業化の段階に到ると，明らかに国家発改委がより大きな影響力をもっていた。国家発改委の関係機関はプラグインハイブリッド自動車の開発に大きな関心を示していた。

国際的な金融危機に適切に対応するために，国務院は国家発改委の主導の下で「国家戦略的新興産業発展規画」を策定した。まず，国家発改委は関係する専門家，業界団体（中国語で「業種協会」），企業家との討論会を組織し，その後十分な討論と検討に基づいて，七つの大きな戦略的新興産業を確定した。それに基づいて具体的に重点的な新製品の特定アイテム規画をさらに確定した。そのなかで新エネルギー自動車は戦略的新興産業に選定され，育成されることとなったが，ここでも国家発改委は決定的な役割を果たした。

「国家戦略的新興産業発展規画」の新エネルギー自動車に関する部分を策

定する際に，国家発改委産業協調司は何度も討論会を開き，自動車産業関連の業界団体，自動車企業，技術的な専門家の意見を聴取した。しかし一部の意見は採用されず，たとえばハイブリッド自動車がまず普及されるべきだとの意見もあったが，現在まで政府レベルでは十分に重視されていない。

２．「省エネ・新エネルギー自動車産業発展規画」の策定と実施

　2012年6月に国務院が公布した「省エネ・新エネルギー自動車産業発展規画（2012～2020年）」の策定と実施過程では，おもに自動車工業協会が具体的に組織し，調整，具体化する役割を果たした。たとえば，自動車工業協会は「TOP10」新エネルギー自動車産業連盟を組織して，自動車工業の十大企業を組織して，共同で新エネルギー自動車のキーテクノロジーの難問解決を図ることとした。

　「国家戦略的新興産業発展規画」が実施されると，新エネルギー自動車は地方政府や業界団体，企業に重視されるようになった。「十一五」規画の後期には，新エネルギー自動車のデモンストレーション運転が始まり，研究開発の成果がマーケットに出始めた。その時変化が現れた。

　「国家戦略的新興産業発展規画」を具体化するには，戦略的な新興産業それぞれの特定項目についてのプランの策定が必要である。そのうちの「省エネ・新エネルギー自動車産業発展規画」の策定は，従来の発改委の主導から，工業情報化部の主導に改められ，工業情報化部装備工業司が具体的な策定に当たることとなった。

　「省エネ・新エネルギー自動車産業発展規画」の初稿は国務院で審議された時に，「技術的な路線が不明瞭」とされて差し戻され修正された。国家発改委に属する中国国際工程咨詢公司が国務院発展研究センターや中国社会科学院，自動車工業協会等の学者や専門家を招集して討論会を開き，学者や専門家の意見に基づいて，規画の改定版を作成して，工業情報化部が再び国務院に報告し，2012年6月12日に公布，施行された。

改正された「省エネ・新エネルギー自動車産業発展規画」では，新エネルギー自動車を「新しい動力系統と，完全に，またはおもに新しいエネルギー駆動メカニズムに依拠する自動車であって，おもに電気自動車やプラグインハイブリッド車および燃料電池車が含まれる」とした。また省エネ車を「内燃機関をおもな動力システムとして，総合モードの燃料消費量が次段階の目標値を超える自動車」とした。そして「省エネ・新エネルギー自動車の開発は，自動車の燃料消費量を減らし，燃料の需要供給の矛盾を緩和し，排気ガスの排出を減らし，大気の環境を改善し，自動車産業の技術進歩と最適化高度化を促す重要な措置である」とした。

「省エネ・新エネルギー自動車産業発展規画」の策定と実施では，自動車工業協会や企業および技術面の専門家の意見が大きな役割を果たした。たとえば，スーパーキャパシタ（電気二重層を利用して蓄電量を高めたコンデンサ）電気自動車の研究製造と開発はおもな方向とはされなかったものの，技術的な権威（科学院院士，工程院院士）が強く主張したため，研究製造やデモンストレーションの合法性を獲得した。新エネルギー自動車の技術的基準（たとえば，新エネルギー自動車の航続距離，電池の種類など）を具体的に策定する際には，関係する科学研究機関と専門家が主導的な地位にあることがわかる。

明らかに新エネルギー自動車産業政策の策定過程でその主導権には変化が生じていた。

3．新エネルギー自動車のモデル普及事業の展開

新エネルギー自動車のモデル普及事業の展開の主導権は財政部と科学技術部が握った。

2009年1月23日，財政部と科学技術部は「省エネ・新エネルギー自動車のモデル普及の試験的事業を展開することに関する通知」を公布した。この「通知」は次のように指摘している。

「国務院の『省エネ，排出削減』と『節油節電業務の強化』，『産業の転換

と高度化を制約している重要なキーテクノロジーの突破に力を入れて，戦略的な産業を丹念に育成する』という戦略方針の精神に基づいて，自動車の消費を拡大して，自動車産業の構造調整を加速し，省エネと新エネルギー自動車の産業化を推進するために，財政部と科学技術部は，北京，上海，重慶，長春，大連，杭州，済南，武漢，深圳，合肥，長沙，昆明，南昌等の13の都市で，省エネと新エネルギー自動車のモデル普及事業を展開して，財政政策で公共交通とタクシー，公務，環境衛生，郵政等の公共サービス分野で率先して省エネと新エネルギー自動車を使用することを奨励し，使用する機関の省エネ・新エネルギー自動車購入に対して助成する。その際，中央の財政部門は省エネと新エネルギー自動車を購入，配備に重点的に助成し，地方の財政部門も関係する設備施設の建設およびメンテナンスに助成する。財政資金の管理を強化し，資金の使用効果を高めるために，われわれは『省エネ・新エネルギー自動車のモデル普及の財政的な助成資金の暫定的な管理方法』を制定し，ここに印刷配布するので，このように実行されたい。」

この政策文書の中心的発行機関である財政部が新エネルギー自動車のモデル普及事業において具体的な政策の策定と実施を主導している。

明記すべきは，国務院の規定に基づくと，新エネルギー自動車のモデル普及事業は，財政部と科学技術部，工業情報化部，国家発改委が共同で実施することになっていたということだ。しかし，具体的な業務の実施からみて，国家発改委は補助的な地位になっている。目下，新エネルギー自動車のモデル普及事業の経験の総括と政策の修正も財政部が主導している。

新エネルギー自動車のモデル普及事業では，地方政府も比較的重要な役割を発揮している。地方政府は新エネルギー自動車の購入に対して，中央と同額の助成をするため，おもに地元の自動車企業に助成するという政策を採っている。そのため財政部が2度目のモデルプロジェクトを始動する際に，元々の政策を修正せざるを得なくなっている。なかには考慮の末に撤退を選択する地方政府もある。

一部の地方政府は，中央と幾分異なる新エネルギー自動車のモデル普及政

策をとっている。たとえば，山東省政府の新エネルギー源の路線バスに対する助成政策では，レンジエクステンダー式とハイブリッドの路線バスだけでなく，天然ガスの路線バスも助成対象としている。2013年10月下旬に山東省財政庁はその行政区域内の大型乗用車製造企業と路線バス企業に「山東省の新エネルギー都市公共交通自動車のモデル普及資金の管理に関する暫定的な方法」を通達して，「新エネルギーとクリーンエネルギーの自動車の産業化をさらに推進し，環境を守り，エネルギーを節約するために」省政府によって特定項目の財政的な資金を手配して，省エネと新エネルギー自動車の普及事業をサポートすると述べた。山東省の政府にとっては，路線バスの省エネと二酸化炭素の排出削減効果が助成するか否かを決める唯一の基準であって，どのような方式，どのような技術路線をとるかはあまり重要ではないようだ。

以上の分析より，中国政府のハイテク産業政策の策定と実施の面では，国家発改委が基本的には主導的な地位を保持している。しかし新しい技術や新しい産業は技術，産業化の面では比較的大きな不確定性を有していること，具体的に推進していくプロセスは比較的複雑なこと，産業政策の手段と権力の配分が必ずしも国家発改委の手中にないことなどから，ハイテク分野での産業政策の策定と実施の過程では，主導権には一定の「流動性」が発生し，実施過程ではさらにそうなっているといえる。

第5節　産業政策の策定，実施過程での駆け引き

本節では，産業政策の策定と実施過程において，さまざまな段階で国家発改委と他の官庁とのあいだで駆け引きが行われている実態を明らかにする。

1．提起段階

産業政策の策定過程では，とくに産業政策の提起段階で産業政策の議題や

方向性をめぐりおもに国家発改委と工業情報化部，科学技術部とのあいだで駆け引きが行われている。

　産業政策の議題と方向性が基本的に一致した後，具体的な産業政策を策定する段階では財政部，環境保護部，中国人民銀行が軽視できないアクターとして参加する。この段階において，財政部，環境保護部，中国人民銀行，国家税務総局の意見は産業政策の実際の形態に重大な影響を及ぼす。たとえば，ある産業に対する税金上の優遇や財政補助を実施しようとしても財政部，国家税務総局の同意がなければ難しい。

　近年は業界団体等の仲介機構が業種企業の利益を代表し発言権を増している。これらの機構は往々にして専門家としての視点から賛成や反対の意見を出すが，こういった意見は強い権限による下支えがなくても，その専門的な経験や知識に支えられており影響力をもっている。

　これまでの工業専門管理官庁が廃止されてから，各業界団体が関連産業の代表者となり，産業や企業の利益を直接維持，反映できるようになっている。しかし業界団体がある程度の政府色を帯びた民間機構となったことから，業界団体と国家発改委とのあいだには資源の奪い合いはみられなくなり，双方の意見交換や協調が多くみられるようになった。

　この段階においては他の官庁も意見を発表することができる。産業政策に対して比較的強い影響力をもつ部門は財政部，環境保護部，科学技術部，商務部である。環境保護部は産業技術政策，産業の配置，製品発展に対して比較的強い発言権をもつ。科学技術部は新しい技術や新製品の研究と製造という視点から自らの考えを有し，商務部は製品や技術の輸出入という観点から意見を提出する。指摘すべき点は，新しい産業の誕生，促進や新しい技術の研究，製造面で，国家発改委と科学技術部が時にせめぎ合っている点である。たとえば新エネルギー自動車の研究と製造において，科学技術部は水素燃料自動車に強く関心をもっているが，現在のプラグインハイブリッドカーを主体とする動向は国家発改委の後押しによるものである。財政部は財政手段の行使に対して決定的な役割を果たしている。

2．策定段階

　産業政策策定段階においては市場を独占しているような石油関連企業，国家電網等の大企業も強い発言権をもつ。しかしながら近年は世論にこういった独占企業に対する批判があることから，その影響力もいくらか低下している。国家発改委は政策策定に際し，公聴会を開くといった方法でこれら独占企業の影響を弱めることもある。
　このような駆け引きは大方の場合互いに妥協することで合意に達している。当然，国家発改委の意見が上位にあって主導的役割を果たすことが多いが，策定段階は，関係官庁と仲介機構，企業が協議する場としての役割に変化している。
　策定段階では，実際は部門の機能と権限に基づく分業が行われている。通常は，業種全体にかかわる政策（「自動車工業産業政策」や「鉄鋼業産業政策」など）は国家発改委が決定を主導する責任を負い，産業発展にかかわる具体的な政策や，ある業種の細かい分野の政策は関係主管官庁が策定している。物流業を例にとると，国家発改委は産業発展にかかわる全体計画を担当し，商務部は国内の商業物流業や海外貨物代理等の政策を担っている。交通運輸業では，国家発改委が道路，鉄道，空港の全体計画および重大プロジェクトの審査承認の責任を負い，交通運輸部が具体的な政策を担当する。また自動車工業では国家発改委が発展政策の策定に責任を負うが，自動車工業技術標準や燃料消費標準，公告管理等の政策の策定と実施は工業情報化部が担当する。
　策定過程における重大な法律問題等は，国家発改委が事前に全国人民代表大会の関連委員会と協調を図る。政策問題が法改正や立法にかかわる場合は，全国人民代表大会の関連委員会の主導で国家発改委が改正の意向を提出する。

3. 実施段階

　産業政策の実施段階ではさらに複雑な駆け引きをみることができる。まず、実施段階では予測しがたい細かな問題が多く発生するため、当初の構想通り実施することは難しい。関係部門がこれを受けて産業政策の策定時にもっていたそれぞれの見方を主張する。たとえば「自動車工業産業政策」で定められた「自主開発新製品に対する財政補助」の政策は財政部が同意していないため、実施にこぎつけていない。

　実施段階で、国家発改委は督促、監督の役を担い、具体的な任務の実施は関連政府部門に委託することが多い。当然、規画や重大プロジェクトにかかわるものについては国家発改委が非常に具体的に管理している。規画や重大プロジェクトにかかわるものは官庁の実際の中核となる権限を表すからである。たとえば国家発改委はエネルギー発展計画の策定を担っているだけでなく重大エネルギープロジェクトの具体的な審査承認も担当している。地方政府が大型エネルギープロジェクトを実施しようとするならば、必ず国家発改委の審査承認を得なければならない。

　産業政策と関係官庁の利益や権限が衝突した場合、関係官庁は所定の政府権限、機能の枠組みのなかで「合法性」を有していることから、国家発改委も折り合わないわけにはいかない。

　また具体的に監督、実施する部門が異なることが多いため、事実上、国家発改委は補助的立場にある。たとえば、新エネルギー自動車の大都市運用試験実施では財政部が主導的地位にある。新エネルギー自動車試験実施の財政補助は財政部が承認し、実施するからである。財政資金の使用効果も当然財政部が主導して監督している。

　さらに地方政府と国家発改委とのあいだでも駆け引きが存在する。この場合の多くは地方政府が協議を通じて政策に対する異なる見解についてより上層からの政治的支持を得る等の方法で対処している。たとえば中央が戦略的

新興産業を発展させるよう強調した場合，地方政府はこの政策を利用し，独自に，エネルギー消費量も多く，汚染のひどい企業を発展させてきた。地方政府のこのようなやり方に対し，国家発改委は一般的に事後承認するしかない。地方政府は掌握している資源と政策についてどんどん拡大解釈することから，当初中央が策定した政策と完全に異なってしまうことが往々にして発生する。

　産業政策の実施と監督の徹底はこれまでなかなかうまくいっていない。詳細で実施可能な政策手段に欠けるからである。最近中央が環境への影響を重視し，強制型の環境政策を策定したことは注視しなければならない[7]。

おわりに――今後の見通し――

　以上より，国家発改委は1990年代末以降，産業政策の策定と実施過程において批判を受けてきたが，現在でも中核的な地位を維持し，基本的な権限を確保していることがわかる。

　しかし計画経済体制の解体と競争型分野における政府投資の低下に伴って，規画やプロジェクト投資のコントロールを通じて産業の発展に影響を与えられる範囲が狭まった。また他の産業政策手段が相対的に独立性を獲得したため，国家発改委の産業政策の策定と実施過程における地位と役割は相対的に低下した。

　今後10～15年間で国家発改委の産業政策の策定と実施過程における地位はどのようなものとなるだろうか。筆者は，国家発改委は依然として中核的な地位にあり，重要な影響を及ぼし続けるだろうと考える。当然，他の関係政府部門の影響力と発言権が徐々に増してくることも考えられる。

　筆者がこのような結論を出した理由は，現在の中国政府の経済のマクロ・コントロールのメカニズムからみると，まだ国家発改委に代わる政府部門が見あたらないからである。また国家発改委ほどの経験と能力を擁する政府部

門もなければ，コントロール手段（権限）を有している政府部門もない。

　2013年11月の18期3中全会の「決定」には次のように記載されている。「積極的かつ穏当に，市場化改革を広く深く推し進め，政府による資源の直接配分を大幅に減らし，資源の配分は市場の規則と市場価格，市場競争に従って行い，効果と利益，効率の最大化を図る。政府の職責と役割はおもに安定したマクロ経済を保ち，公共サービスを強化しよりよいものとし，公平な競争を保障し，市場の監督管理を強化し，市場の秩序を維持し，持続可能な発展を推進し，ともに豊かになれるよう促進し，市場の失敗を補う」[8]。中央が経済をマクロ・コントロールするには然るべき能力と経験を備えた経済管理官庁に頼らなくてはならない。国家発改委は今も十分な権威と地位を備えており，産業政策の策定と実施過程での中核的地位を保持している。

　産業政策が経済政策体系に占める地位からみると，2020年までは産業政策が依然としてマクロ経済政策のなかで重要な地位を占めるだろう。18期3中全会の「決定」は「マクロ・コントロール体系を健全化する。マクロ・コントロールのおもな任務は経済の総量バランスを保ち，重大経済構造の協調と生産力の配置の最適化を促進し，景気循環の波による影響を抑え，区域的，系統的リスクを回避し，市場予測を安定させ，経済の持続的かつ健康的な発展を実現することである。国家発展戦略と規画を指針とし，財政政策と金融政策を主要な手段としたマクロ・コントロール体系を健全化し，マクロ・コントロールの目標設定と政策手段運用体制つくりを推進し，財政政策，金融政策と産業，価格等の政策手段の相互協調と呼応を強化し，状況をみながら決定できる水準を引き上げ，マクロ・コントロールの予見性と妥当性，協同性を向上させる。世界のマクロ経済政策協調に参加できるメカニズムを構築し，国際経済へ対処する構造を整える」[9]としている。中国政府によるマクロ・コントロールにおいて産業政策が占める地位に変化がないことは明らかである。産業政策体系の存在とこれが発揮する作用が，産業政策の策定と実施において国家発改委に比較的大きな影響力をもたせているのである。

〔注〕
(1) 1952年11月に国家計画委員会として設立された。
(2) 高培勇・張斌・王寧主編『中国公共財政建設報告2013』中国社会科学文献出版社，2013年。
(3) 中華人民共和国国家統計局固定資産投資統計司編『中国固定資産投資統計年鑑2011年』中国統計出版社，2011年。
(4) 『経済参考報』2013年7月4日。
(5) 1998年の改革で国家発改委の機能を次のように確定した。基本建設の規模，投資の使い道，大中型の建設プロジェクトの確定に責任を負う。大中型建設プロジェクトの論証，関連プロジェクト間のバランスに責任を負う。FSレポートと計画設計任務書の審査認可。これらの機能を有することで，国家発改委は投資に対し絶対的な影響力を有する。
(6) 機構設置上，国家発改委の業種管理機構は，「処」（日本の中央官庁の「課」に相当―監訳者注）レベルにすぎないが，工業情報化部の業種管理は「局」レベルである。そのため，人力資源，専門水準，管理能力で工業情報化部の方が格上である。
(7) 例えば，ある地方のプロジェクトが中央の環境保護に関連する法律，法規，政策に違反すれば，是正されるまで中央は当該地方のすべてのプロジェクトの審査，認可の申請，審査を停止するという規定が制定された。
(8) 「中共中央関於全面深化改革若干重大問題的決定」(『人民日報』2013年11月16日)。
(9) 同上

第3章

国家発展改革委員会と産業政策

――物流業政策をケースとして――

大 西 康 雄

はじめに

　経済政策分野における国家発展改革委員会（以下，中国での略称に準じて「発改委」）の存在感は他の追随を許さないものがある。1993年以降繰り返されてきた中央官庁の行政改革にもかかわらず，その権限が及ぶ範囲は，5カ年計画[1]の制定をはじめ財政政策，金融政策，個別の産業政策から外資政策までと広範であり，膨大な数の政策の起草から取りまとめまでを一貫して担う場合も多い。しかし，発改委が実際にどのような権限に基づき，どのようなプロセスを通じてこうした役割を果たしているのかについては，行政改革の説明文書（中華人民共和国国務院弁公庁秘書局・中央機構編成委員会弁公室総合司編1995，1998）や同委ホームページの説明だけでは明らかにできない。本書全体がこうした問いに答えようとする試みであるが，本章では，物流業政策の策定・実施過程をケースとして発改委の役割や作用について分析する。

　物流業を選択した理由のひとつは，同業が産業として認知されてまだ日が浅く，産業政策法規も実施体制もこれから整備に向かう段階にあることだ。また，関連する中央官庁も多く，地方政府も独自の権限を有しているほか，外資を含めて多くの新規参入企業が見込まれるために，複雑な利害調整が必要な分野でもある。こうした事情から，発改委の具体的な動きを検討する材

料を得やすいと考えた。

　本章では，第1節において，近年における産業政策全体と物流業政策の内容を回顧する。第2節では，政策の策定・実施過程を中心に物流各分野を主管する官庁や地方政府と発改委の関係をみる。第3節では，物流行政の実際の運用過程を官庁の権限等に基づいて整理し，各官庁間の政策的協調関係を検証する。そして第4節では，物流行政の末端を担い，政府と企業をつなぐ機能を果たしている業界団体について，発改委との関係に重点をおいて論じる。以上の分析を通じて発改委の物流業政策における機能について，多角的に明らかにしたい。

第1節　産業政策における物流業

　国務院は，2009年の1～2月の間に断続的に今後重点的に発展を図るべき「十大産業」を対象とした「調整整備計画」を発表した。この過程で，自動車，鉄鋼，繊維，設備製造，造船，電子情報，軽工業，石油化学，非鉄金属，に次いで物流業が十番目の産業と認定され，主要産業としての地位を得たことは特筆される。また，同年3月には「物流業の調整と振興長期計画」（以下，「調整振興計画」）が公布された。これは，物流業発展に関する長期計画がなかなか公表されない間隙を埋めるものとみられ，適用期間は2009～2011年と記されている。

1．重要産業として認知された物流業

　中国の産業政策は，長きにわたって重厚長大の製造業を主たる対象としてきた。そこには計画経済時代からの伝統的観念の影響が認められる（大西2008，250-251）。物流業を対象とした政策はながらく制定されなかったが，これが変わる兆しを見せたのが，2001年に公布された初の政策文書「我が国

の近代物流の発展加速に関する若干の意見」（2001年3月，以下「加速意見」）である。ついで2004年8月には「我が国の近代的物流業の発展を促進することに関する意見」（以下「促進意見」）が公表された。「促進意見」は，2003年の行政改革において国家経済貿易委員会・経済運行局を吸収し，物流業政策策定官庁となった発改委が主導して作成された点でも注目される。

　上記2文書が公布された後，今後の長期発展政策を盛り込んだ「全国近代的物流業発展長期計画要綱」（以下「長期要綱」）が準備されたようである。2006年から実施される第11次5カ年長期計画[2]に盛り込むべく調整が続けられたが，間に合わず，2008年に「意見徴収稿」がまとめられて関係部門，地方政府の意見徴収が開始されたと報じられたものの，現在に至るも公布されていない。

　この空白は，5カ年計画が埋めることになった。胡錦濤政権がはじめて自らの理念で制定した第11次5カ年長期計画（2006～2010年，以下11・5長期計画）では，経済目標を量（の拡大）重視から質（の向上）重視に転換し，産業構造についても製造業重視路線からの転換が示されたが，そうした転換のなかで物流業の機能についても積極的な位置づけが行われた。11・5長期計画では，歴代5カ年計画のなかで初めて「大いに力を入れて近代的物流業を発展させる」という「節」が独立して設けられ，物流業を「生産サービス業（中国語：生産性服務業）」と「消費サービス業（中国語：生活性服務業）」として発展させることが謳われた。

　第12次5カ年長期計画（2011～2015年。以下，12・5長期計画）でもこの方向が維持され，発展させるべきサービス業のひとつとして「近代的物流業」が列挙されたほか，計画全体のなかで20数か所にわたり物流（業）と関連する記述がなされている（中国物流与採購聯合会編2011，序）。こうした流れを受けて冒頭に述べた産業別「調整整備計画」が策定され，さらに「調整振興計画」が公布されたといえる。なお，ここで紹介した個別政策文書の内容については第2節で詳述する。

2．物流業のサービス機能と産業全体における位置づけ

　物流業の「生産サービス業」「消費サービス業」としての具体内容をみておこう。まず，生産サービス業とは，製造業のコストを低減する機能をもつサービス業という概念である。その意味では製造業を第1とする古い観念の影響もみられるが，物流業が生産コストを低減できるという認識が政策当局者に浸透したことの意味は大きい。具体的施策の内容は，(1)企業物流のアウトソーシング，(2)物流専門企業の育成，(3)物流標準の制定，(4)物流インフラの再編・統合，などである（大西2008，264-265）。

　つぎに消費サービス業とは，消費者に直接サービスを提供するという概念で，物流機能では「配送」が商業サービス業の一環とされている。いずれも先進国の物流業政策から見れば初歩的なものといえるが，中国の物流業の現状からすれば，その着実な育成に意を用いるという政策の方向性は間違っていない。

　上述したように，物流業の発展はサービス業全体の発展のなかに位置づけられている。これは当を得ているが，実際に産業政策を実施する上で主管官庁が複数にまたがってしまうという問題も存在する。たとえば生産サービス業に属する部分は工業・情報化部（2008年行革で新設），交通運輸部（同行革で権限拡大）所管になるし，配送などの消費サービス業に属する部分は商業活動の一部として商務部所管となる。また，近年成長の著しいネット商取引については上記官庁に加え科学技術部にも権限がある。

　物流業政策に関してもう一点指摘しておくべきは，外資導入政策における位置づけである。「外資導入ガイドライン」は随時改定されてきているが，現行版（2011年改定）が「奨励業種」としている業種に近代的物流業（中国語：現代物流業）が含まれている。製造業重視の同ガイドラインにおいて，奨励業種に分類されたサービス業の筆頭は物流業であり，同分野の近代化が重視されていることがわかる。

3．物流業の全国的配置計画

　5カ年計画以外で物流業を対象としている政策文書のうち重要なのは「調整振興計画」である。注目されるのは，「主要任務」のなかで，(1)「九大物流地区」，(2)「十大物流ルート」，(3)「物流結節点（中国語：節点）都市」というカテゴリーが示され，物流業の全国的発展方針が明記されていることである。

　このうち，(1)は「華北物流地区」（北京，天津を中心とする，以下同），「東北物流地区」（瀋陽，大連），「山東半島物流地区」（青島），「長江デルタ物流地区」（上海，南京，寧波），「東南沿海物流地区」（アモイ），「珠江デルタ物流地区」（広州，深圳），「中部物流地区」（武漢，鄭州），「西北物流地区」（西安，蘭州，ウルムチ），「西南物流地区」（重慶，成都，南寧）からなる。

　(2)は，「東北・山海関内ルート」，「東部地区の南北ルート」，「中部地区の南北ルート」，「東部沿海・西北地区ルート」，「東部沿海・西南地区ルート」，「西北・西南地区ルート」，「西南地区の出海ルート」，「長江・大運河ルート」，「石炭物流ルート」，「輸出入物流ルート」である。

　(3)では，「全国性の物流結節点都市」として北京，天津，瀋陽，大連，青島，済南，上海，南京，寧波，杭州，アモイ，広州，深圳，鄭州，武漢，重慶，成都，南寧，西安，蘭州，ウルムチの21都市が，「地区性の結節点都市」としてハルピン，長春，パオトウ，フフホト，石家荘，唐山，太原，合肥，福州，南昌，長沙，昆明，貴陽，海口，西寧，銀川，ラサの17都市が挙げられている。

　該当する地方の政府にとっては，物流業発展の重点が示されたことになり，実際の政策実施にも影響を与えている。というのも「調整振興計画」の末尾で，(1)各地方政府がこれにのっとり，各地独自の状況などを盛り込んだ実施方案を作成すること，(2)実施過程で発生，直面した新たな状況や問題について発展改革委員会，交通運輸部，商務部などの関係官庁に報告すること，が

明文で求められているからだ（http://www.gov.cn/zwgk/2009-03/13/content_1259194.htm）。

第2節では，以上でみた物流業政策の流れをふまえて，さらに具体的に発改委や関係官庁，地方政府の関係を分析する。

第2節　物流業政策における発改委と主管官庁，地方政府

発改委と個別産業を主管する官庁との関係をみると，前者がマクロ経済運営の見地から後者の政策に修正を求めたり，複数の官庁間の利害を集約・調整役になるというパターンが一般的だが，個別にはより複雑な形態もある。そこにさらに地方政府との政策協議，調整が加わる。

1．物流業政策文書とその制定過程

個別産業に関する政策は，(1)まず当該産業の主管官庁が発改委に策定を要求し，同委が起草，(2)財政部，税関総局，中央銀行など税金や融資政策を管轄する官庁との調整を経て，国務院に素案を提出，(3)国務院がさらに他の関連官庁との調整を行った上で公布する，というプロセスを経る（大西2008, 199-200）。

これを物流政策に当てはめて考えてみよう（図3-1）。権限関係からみて，上記(1)にかかわるのは主管官庁としては工業・情報化部，交通運輸部，商務部など，発改委では産業協調局（現行）[3]である。この段階ではたとえば「○○発展規画（意見徴収稿）」が作成されて(2)に進み，関係部門や地方政府からの意見徴収が行われる。意見徴収の範囲は，当該政策文書の重要性や関連する範囲の大小により，それに要する時間も異なる。こうしたステップを踏んで(3)に進むが，物流業は比較的新しい産業であることから，従来公布された政策文書も「意見」と銘打った，ビジョン提示を目的とするレベルのものが

図3-1 物流業政策の策定,調整過程概念図

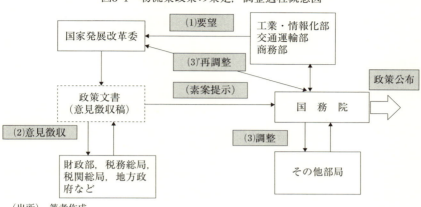

(出所) 筆者作成。

中心である。そして,地方政府は,中央の政策文書公布を受けて,独自の施策実施案を取りまとめることになる。以下ではまず,これまでに公布された政策文書の概要をみておこう(大西2005,211-216)。

2. 物流業政策文書の概要

(1) 「我が国の近代物流の発展加速に関する若干の意見」

本格的政策文書の第1号は「我が国の近代物流の発展加速に関する若干の意見」(2001年3月,以下「加速意見」)で,国家経済貿易委員会,鉄道部,交通部,情報産業部,対外貿易経済合作部,中国民用航空総局(いずれも当時の名称)[4]という物流に関与する6部委が共同で公布したものである。

「加速意見」のポイントは,①物流を「第3の利潤源」[5]と呼び,それが経済のなかで果たす機能と重要性から説き起こすなど現場の啓蒙をめざしていること,②調達,運輸,保管などの従来型サービスと流通加工・仕上げ,配送などの新しいサービスを区分して発展させることや「第3方物流」(サード・パーティ・ロジスティックス)[6]の育成を呼びかけるなど,国際的な新動向を意識した発展方向を打ち出していること,③地域市場の保護主義や一部企

業の独占行為を排除し，市場メカニズムの機能＝競争を重視していること，④行政当局の支援策は，インフラ建設，情報技術や標準化技術の普及などハード面に加え，積極的外資導入により先進的ノウハウを吸収することや専門的人材育成，産業・大学・研究機構の協力促進といったソフト面を重視していること，等である。

　「意見」という名称が示すように，内容的には各行政現場の執務参考としてまとめられたものであり，具体的な施策などは示されていない。実際，筆者が「加速意見」公表後に実施した各企業でのヒヤリング（2001～2002年）においては，「加速意見」が近代的物流の概念を示したにとどまり個別の政策判断を示していない点に不満の声も聞かれた。その欠を埋めるかのように，第10次5カ年計画（2001～2005年）では「製造業を対象とするサービス業の発展」の項目で，「新しい型の業態や技術を積極的に導入し，チェーン経営，物流配送，複合一貫輸送を普及させ，従来の流通業，輸送業と郵政業を改造する」ことが明記された（中国語テキスト：中華人民共和国国民経済和社会発展第10個五年計画綱要」第5章第2節）。

(2)　「我が国の近代的物流業の発展を促進することに関する意見」

　2004年8月公表の「我が国の近代的物流業の発展を促進することに関する意見」（以下，「促進意見」）は，2003年行政改革において国家経済貿易委員会・経済運行局を吸収し，物流業政策策定官庁となった発改委が主導して作成された。文書案は発改委経済運行局が起草し，ほぼ1年をかけて関係官庁（商務部，公安部，鉄道部，交通部，税関総署，税務総局，民航総局，工商総局：以上，いずれも当時の名称）間で調整を繰り返してまとめられたもので，上記9部委の連名で公布されている。同文書作成を主導した発改委でのヒヤリング[7]によると，作業に当たって意識された問題点は，①行政機関の干渉が多すぎること，②税制が物流業の業態に適合していないこと，③税関制度の非効率，④物流業管理制度の不備，⑤地方政府による制限，などである。

　実際に「促進意見」の内容を検討すると，不十分ながらこれらの問題への

対応策が盛り込まれている。①に関しては，物流企業が企業登録する場合の事前審査を廃止すること，②に関しては，経営や財務の統一運用などの点で一企業とみなせる場合は本社での一括納税を認めること（従来は，事実上の支社でも所属地で個別に納税する必要があった），③に関しては，通関手続きを簡略化しスピードアップすること，④に関しては，業界の対外開放を進め，一般企業がその物流部門を分離することを奨励することとし，さらに物流企業の一応の定義を示している。引用すると「必要な輸送手段と保管設備を保有，若しくは借り受けており，少なくとも輸送（或いは輸送代理）と保管の2業種以上を経営範囲としている」，「輸送，代理，保管，荷役，加工，整理，配送などの一体化したサービスを提供することができ，かつ自社の業務に合致する情報管理システムを有している」，「工商行政管理部門に登録され，独立採算，損益自己責任能力をもち，独自に民事責任を負うことのできる経済組織」である。⑤に関しては，各地方政府が徴収している通行費などの費用徴収をやめさせること，などが盛り込まれている。こうした具体的施策は「加速意見」ではみられなかったものであり，物流業政策が実施段階に入りつつあることを示している。

同「促進意見」でもうひとつ注目されるのは，政策の実施に当たり，発改委が主導する関係官庁の協調メカニズムを形成すべきだとしたことである。協調メカニズムについては，第3節で改めて取り上げる。

(3) 「全国近代的物流業発展長期計画要綱」の準備と第11次5カ年長期計画

上記2文書が公布された後，今後の長期発展政策を盛り込んだ「全国近代的物流業発展長期計画要綱」（以下「長期要綱」）が準備された。各種報道によると，「促進意見」が公表される前に検討が始まり，やはり発改委が草案を準備し，2006年から実施される11・5長期計画に盛り込むべく調整が続けられたが実現しなかった[8]。もともと「長期要綱」とは，5カ年計画より長期（通常は10年間）の計画を意味し，その内容も今後5〜10年間の物流関連インフラの建設計画を含むものである。しかし，現実には「長期要綱」の審

議は難航し，2008年春に意見徴収稿がまとまり，関係部門の意見徴収が開始されたが，いまだ公布されていない。政策文書としては，11・5長期計画（2006～2010年）において物流業の位置づけが明確化されるにとどまった（第1節1．参照）。

(4)　「物流業の調整と振興長期計画」

この間隙を埋める形で公布された政策文書のひとつが2009年3月の「物流業の調整と振興長期計画」（以下，「調整振興計画」）である。「規画」＝長期計画と題されているが実際の適用期間は2009～2011年である。

その「主要任務」のなかで，①「九大物流地区」，②「十大物流ルート」，③「物流結節点（中国語：節点）都市」というカテゴリーが示され，全国的発展方針が明記されていることについてはすでに触れた。

もうひとつ注目されるのは，「重点プロジェクト」として，①複合一貫輸送の強化，②物流モデル園区建設，③都市内配送システム整備，④大口商品（鉱産物など数量の大きい商品）と農産品の物流改善，⑤製造業からの物流機能分離などを通じた製造業・物流業の連動した発展，⑥統一された物流標準と技術標準の普及，⑦物流情報の公共プラットフォーム建設，⑧物流分野での自主技術開発，⑨突発的事態に対応できる緊急物流システムの整備，が列記されていることである。ここからは，発改委，工業・情報化部，交通運輸部，商務部など物流関係部門が当面重視している分野が読み取れる。

(5)　第12次5カ年長期計画，「物流業の健康な発展を促進する政策措置に関する意見」

「調整振興計画」に続く重要な政策文書は第12次5カ年長期計画（以下，12・5長期計画）である。物流について言及されたおもな部分は第4篇第15章第2節，同第16章第1節，などで11・5長期計画と同様，物流業が発展を図るべきサービス業として位置づけられている。

また，2011年8月には，国務院から「物流業の健康な発展を促進する政策

措置に関する意見」が通達された。「調整振興計画」の方針のもと,①物流業発展の障害となっている制度・規制の緩和を図ること,②既存物流インフラの利用を統合・合理化すること,③物流技術の開発や物流業への投資・融資を強化すること,④農産品物流を優先的に発展させること,など個別の政策措置が掲げられている。

2. 物流業政策における地方政府

以上で,個別の政策文書の内容をやや詳しく紹介した。地方政府は,これらの内容をふまえながら実施方案を作成することになるが,中央の政策内容は「ガイドライン」的なものなので,地方の自由度はかなり大きいといえる。もともと,地方政府は省レベルであれば5カ年計画を策定・実施する権限を有していることも指摘しておくべきだろう。ここでは,上海市を例に物流業政策における中央政府との関係をみてみよう。

上海市は,発展戦略の中心に「4つのセンター」(「国際経済,国際金融,国際水運,国際貿易」センター)構想を掲げてきた。物流はそのすべてに関係するが,なかでも国際水運物流の発展に最も力が入れられている。市の第12次5カ年長期計画(2011~2015年)の水運分野をみると,第1に掲げられているのは,「船舶取引,船舶管理,船舶供給,船員サービス,水運管理,水運コンサル,海事法と仲裁」など水運サービス業の産業チェーン全体を発展させ,さらにこれらを支える金融サービス(融資,保険など)を完全なものとすること,水運に関する情報化を推進することである(上海市ウェブサイト http://fgw.sh.gov.cn/main?main_colid=498&top_id=398)。第2には,近代的水上運輸システム構築が掲げられる。長江水運と海運の接点である優位性を生かして両者へのトランシップメント(積み替え)を担う中枢港を構築するとされており,具体的には,河川航路建設(浚渫による水深確保など),道路輸送や鉄道輸送とのネットワーク施設の建設が行われる。

総じて,単に物流インフラを建設するだけにとどまらず,物流サービスの

内容を国際水準に高めることがめざされている点が特徴的である。物流業の発展は，上海市の経済がサービス化していく方向性のなかに位置づけられており，計画最終年次におけるサービス業GDPの比率は65％（2012年は60.4％）と想定されている。ちなみに2011年の同数値は57.9％，うち物流業が11.7％であった。また，国内物流ネットワークのなかでは，上海市は長江デルタ地域の中枢であるとともに，長江沿いを中心とする中部・内陸地域のヘッド・クォーター機能を果たすことをめざす，としている。

つぎに中央政府の「調整振興計画」に対応した同市の「実施方案」の内容をみる。なお，政策実施の責任を負う部門は各項目の末尾に括弧書きした。

(1)「全国性の物流結節点都市」として洋山港（深水港），外高橋港（水運機能），浦東空港（空運機能），西北（総合機能）という4つのタイプの異なる物流園区を建設する（市の発展改革委，商務委，経済情報化委が責任を負う）。

(2)「全国の物流地区」（「調整振興計画」のいう「九大物流地区」）と「物流ルート」建設の要求に応えて長江デルタ地区と長江流域の物流機能を一体化させる（市の商務委，合作交流弁公室が責任を負う）。

(3)生産部門に向けた高度な物流サービスであるVMI管理[9]やJIT配送[10]，RFID技術[11]の普及を図る（市の経済情報化委が責任を負う）。

(4)消費者向けの物流サービスである市内配送物流（宅配便）の効率的システムを構築する（市の国土資源局，商務委が責任を負う）。

以上の通り，同市の政策意図を強く反映した内容となっている（上海市人民政府「本市貫徹＜物流調整和振興規画＞実施方案」http://www.shanghai.gov.cn/shanghai/node2314/node2319/node10800/node11407/node22592/u26ai19225.html）。

第3節　物流行政体制と協調の実態

第3節では，物流行政の現状について，組織体制の実際と各組織間の協調体制に注目して検討する。

1．主管官庁の組織と権限

　これまでにも述べたとおり，物流分野における関係官庁の権限は複雑に絡まりあっている。この背景には，物流という産業が関係する範囲が広いことに加え，5年に1度，全国人民代表大会開催の都度にかなり大幅な行政改革が実施されてきたという事情がある。図3-2は，これまでの物流関係官庁の組織的変遷を整理したものである。

　行革の流れは，個別産業官庁の数を減らす方向で進んできている。具体的には，行政管理部門のみを残し（場合によっては行政管理部門を発改委や新設官庁に移管し），現業部門は「総公司」（企業）化ないし，「総会」という名の業界団体に再編する手法がとられている。物流については，2013年3月までの鉄道部を除いて権限の移行が繰り返されてきた。権限関係を明記した資料は存在しないが，各官庁のウェブサイトに加え，筆者が関係者，専門家に取材したところでは，おおむね下記のような権限関係があると思われる[12]。

(1) 発改委

　発展規画局が5カ年計画など国民経済全体にかかわる中長期計画を立案し，関係官庁・部門に諮りつつ取りまとめる。そこには物流業にかかわる政策も含まれる。物流業全体の具体的発展戦略などについては，産業協調局（旧政策局）・サービス業処が所管している。一方，輸送や関連インフラ投資などに関する計画策定は基礎産業局の所管となる。

(2) 商務部

　物流業は「生産サービス業」「消費サービス業」に分類されており，前者のうち，フォワーダー業界については，サービス貿易局が所管している。国内の流通業の一部としての物流については前者と後者にまたがるが，企業の育成や標準化，体制改革の問題などを含めて流通発展局が所管している。ま

82

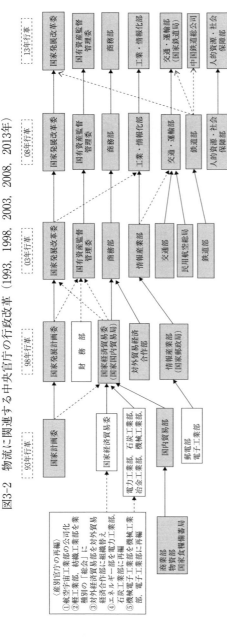

図3-2 物流に関連する中央官庁の行政改革（1993, 1998, 2003, 2008, 2013年）

（出所）国務院弁公庁秘書局・中央機構編制委員会弁公室総合司編（1995）（1998），許放編（2012），各種報道より筆者作成。
（注）灰色が関係官庁。点線は一部移管，機能移管などを示す。実線は組織移管を示す。鉄道部，交通部，民用航空総局は03年まで変化なし。

た，外国企業の投資認可を行う。

(3) 交通運輸部

道路輸送，水上輸送，民間航空輸送の発展計画，物流業の発展計画については総合規画局が所管している。2013年3月以降，旧鉄道部から鉄道発展計画・同政策立案機能を引き継ぎ，その他の行政機能を担う「国家鉄道局」をも管轄する。

(4) 鉄道部

2013年3月の第12期全国人民代表大会第1回会議の決定により解体された。具体的には，鉄道発展計画・同政策立案機能を交通運輸部に移管し，その他行政機能を担う「国家鉄道局」と事業部門である「中国鉄道総公司」に分割して前者は交通運輸部所管となり，後者は企業化された。

(5) 工業・情報化部

工業企業や情報産業と関連する物流部分については，産業政策局が政策立案を所管している。物流業務（小包業務，宅配業務など）を展開する国家郵政局を所管。国家郵政局は『快逓服務"十二五"規画』（2013年，「快逓」は宅配を意味する）[13]を策定・実施するなど，同分野における有力な政策実施機関である。

(6) 科学技術部

近年，電子商取引の急拡大が新しい物流需要を生み出している。インターネットショッピングにともなう宅配業の急成長はその一例である。こうした分野の規制措置，育成措置などについては科学技術部が所管している。物流技術を含む技術全般の開発を所管する。

(7) 人的資源・社会保障部

物流人材の国家資格である「物流師」資格を制定し，資格試験，認定を行っている。

2．政策実施過程での調整

　前項でみたように物流業をめぐっては多数の官庁の権限関係が錯綜しており，かつ5年ごとの大規模な行政改革によって権限の移動も頻繁に発生している。こうした目まぐるしい変遷のなかで物流業政策全般を継続的に管轄してきた官庁はやはり発改委ということになる。政策実施過程では，関係官庁間で調整が必要な局面も多いが，そうした調整も発改委が主導してきた。近年では，調整を任務とする機構が設立されている。発改委の政策担当者によると，発改委副主任（副部長）を議長とし，関係官庁副部長，業界団体代表で形成される政策協調会議である全国現代物流工作部間合同会議（中国語：全国現代物流工作部際聯席会議）が年に1～2回開催されているという[14]。会議の構成をみると，主導権をもつのは発改委（同委副主任が会議の議長を担当）である。もちろん，今後の政策展開を考えると，常設の物流専門行政機関（物流部のようなもの）が別途必要だとの考え方も存在するが，物流業はあらゆる産業とかかわるサービス業であり，産業政策の内容についても変化が激しいこと，などを鑑みると実際には実現困難と思われる。

　図3-3は，物流行政（中央レベル）の管理系統を図示したものである。地方レベルにおいても基本的な官庁体制はこれに沿っており，図にある「部」が「局」などの名称になっている点が異なる程度だが，地方によっていくつかの部門が併合されている場合がある。また，港湾や空港については，中央政府から地方政府に管理権が移譲され，投資・建設についても地方政府が主管している。港湾などでは，行政管理から事業部門を分離して「港務公司」化されるケースも多い。中央で始まった政企分離は地方にまで達したといえよう。

図3-3 物流行政管理体制概念図

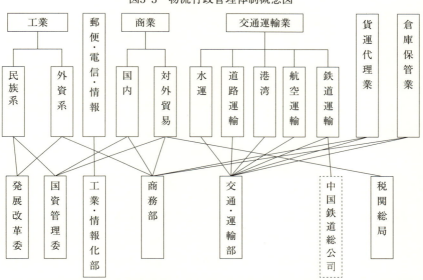

（出所）国家経済貿易委員会経済運行局・南開大学現代物流研究中心主編（2003）などから筆者作成。

　物流業政策においてもうひとつ注目しておくべき点は，本節で紹介してきたような政策文書による統制のほかにさまざまな「国家標準」（中国語のローマ字表記 Guojia Biaozhun の頭文字をとって GB と略称）を制定する動きである。物流関係の国家標準制定については，2003年9月に全国物流標準化委員会が設立され（秘書処＝事務局は中国物流・購買連合会に設置），「全国物流標準2005-2010年発展長期計画」に沿いながら，発改委等関連8官庁が連名で公布してきた。同計画では37項目（分野）にわたり「標準」が制定されていくことになっており，現在，「国家物流述語標準」「物流企業分類・評価指標」「太宗商品電子取引規範」「コード倉庫応用システム規範」などが制定済みとなっている。これは，必要なサービス・技術水準の確保についてのみ行政官庁が管理し，その他は市場競争にゆだねるという点でアメリカ型の産業政策実施体制に近似してきているとの見方もできるだろう[15]。

第4節　発改委と業界団体

　前節で述べたように近年の行政改革にともない，従来は中央の産業別経済官庁が行っていた政策の企画・立案機能は発改委に吸収され，業界管理機能は業界団体に委譲されることになった。こうした新しい状況下で，各官庁と業界団体はどのような関係を構築しているのだろうか。

1．物流関係業界団体の概観

　最大の業界団体である中国物流・購買連合会をみてみよう。同会は，1998年行革で国家国内貿易局が撤廃され，同局の業界管理機能を受け継いださまざまな物流業界団体の連合組織として2001年に設立された。設立当初は国家経済貿易委の行政指導を受けていたが，同委再編後は新設の商務部の指導下にある。現在の会員企業数は7500を数える。おもな活動内容は，下記のとおりである（中国物流与採購聯合編，2002，431）。
　⑴政府の物流業政策，生産財流通に関する方針や法規の周知，徹底
　⑵業界企業の要望や要求の政府へのフィード・バック
　⑶政府の委託を受けた業界調査，業界統計の実施
　⑷政府に対する業界発展計画，産業政策，立法などの建議
　⑸物流市場の調査，分析，情報・コンサルタントの提供
　⑹同業企業の改革と産業発展の推進
　⑺各種学術討論会，報告会などの組織
　⑻商品流通や物流に関する国家標準，業界標準，技能検定，品質標準などの制定や改正への参与
　⑼物流業の専門的人材の養成
　⑽国外経済団体などとの交流
　⑾会の刊行物，年鑑，資料その他出版物の発行

(12)政府部門から委託された業務の実施

物流に関する行政職能のほとんどが網羅されている。行政機構が看板を掛け替えただけといってもよいほどである。実際，同連合会は，第3節2．で述べた全国現代物流工作部間合同会議のメンバーでもある。つぎに，全国レベルの主要な団体に限られているが，物流関連の業界団体を表に掲げておく（表3-1）。なかには学術活動が中心の団体もあるが，ほとんどは行政色の強い団体であり，しかも，旧来の業種別の区分が残っていることがわかる（中国物流与採購聯合会編2002，431-439）。

表3-1　物流関連団体（全国レベル）

名称	設立年	性格	会員企業数	主務官庁	備考（発行雑誌など）
中国物流・購買連合会	2001	社団法人	7500余。全国規模の専門業種協会26，事業単位7を所管。	商務部	中国物流研究会，中国物資流通学会，中国資流通協会を合併して設立。『中国物流与採購』（中国物流学会と共管）。
中国物流学会	不明	学術団体			
中国交通運輸協会	1982	社会経済団体	地方協会52 企業・事業単位825	国家発展改革委	
中国商業連合会	1994	社団法人	500余	国有資産監督管理委	『中国商人』『商会通訊』。中国チェーン経営協会を所管。
中国倉庫貯蔵協会	1997	社団法人	約200	商務部	
中国物資貯蔵運輸協会	不明	社団法人	180		
中国電子学会	1962	社団法人		工業・情報化部，中国科学技術協会	
中国電子商務協会	2000	社団法人		工業・情報化部	
中国国際フォワーダー協会	2000	社団法人	539	商務部	国際フォワーダー協会連合会会員
中国対外貿易経済合作企業協会	1989	社団法人		商務部	

表3-1 つづき

名　称	設立年	性格	会員企業数	主務官庁	備考(発行雑誌など)
中国包装技術協会	1980	社団法人		商務部	
中国物流技術開発協会	不明	社団法人		商務部	
中国鉄道学会	1978	社団法人		鉄道部, 中国科学技術協会	『鉄道学報』『鉄道知識』
中国道路学会	1978	社団法人	団体760 個人4.9万人		『中国公路学報』『中国公路』
中国民用航空協会	不明	社団法人	197	民用航空総局	
中国船主協会	1993	社団法人	200余	交通運輸部	
中国港湾協会	1981	社団法人	単位224 個人1.2万人	交通運輸部	国際港湾協会連絡会員
中国船舶代理業協会	2001	社団法人		交通運輸部	
中国情報経済学会	1989	学術団体		教育部, 中国人民大学	
中国機械工程学会物流工程分会	1980	学術団体	400余		
中国交通企業管理協会	1985	社団法人	1100	交通運輸部	『交通企業管理』
中国道路運輸協会	1991	社団法人	団体1000 企業30万社	交通運輸部	『中国道路運輸』
香港物流協会	不明	不明			
台湾物流協会	1996	不明			

(出所)　中国物流与採購連合会編(2002), (2003)などより筆者作成。

2. 主管官庁, 発改委との関係

　筆者がヒヤリングを実施した結果では, 全国レベルの業界団体は, いずれも中央官庁との間に「掛靠」(クワカオ)(指導, 支援を受ける, の意)という中国語で表現される強い依存関係を有していた。たとえば, 中国物流・購買連合会は商務部, 中国商業連合会は国有資産監督管理委, 中国運輸協会は発改委と人的, 財政的に密接な関係を有している。各団体の指導層は官僚からの天下りが多く, 各団体は官庁から施設を貸与されたり, 費用を支給されたりしている。逆に各団体は, 各官庁の依頼を受けて各種の調査や政策提言を行っている。

第3章　国家発展改革委員会と産業政策　89

　こうした関係について，中国物流・購買連合会を例にみると，官庁からの委託研究や自主研究を行って各種の政策建議を行い，また，国家標準に基づく物流企業審査などを担当してきた。たとえば，設立以来10余年の間に，国の施策に応じる実験企業を推薦するなどの活動を通じて1000以上のプロジェクト資金の審査にかかわり，「A級物流企業」1000社以上を審査したほか，「物流モデル基地」「物流実験基地」などの自主的な推薦活動を行ってきた。同連合会が編纂発行する「中国物流年鑑」は，物流業界の動向を知るための基礎的資料となっている。また，毎年実施している「製造業と非製造業の購入担当者指数」PMI（Purchasing Managers' Index）調査は，すでに多くの研究機関がマクロ経済分析を行う際に依拠する代表的な指数として認められている（中国物流与採購聯合会編2011，序）。

　物流業発展を支える人材育成についても，資格を制定し，試験・資格認定制度の整備を進める役割は業界団体が担ってきた。現行の「物流師」資格（国家認定資格）は，人的資源・社会保障部が中国物流・購買連合会に委託して起草させ制定したもので，2003年から実施されている。

　20年に及ぶ行政改革を経て，主管官庁と各業界団体の関係は，相互補完の色彩を強めているようにみえる。実際問題として，中国の産業別官庁は累次にわたる機構改革で定員を削減され，権限範囲も縮小されており，直接的に業界管理を行うことは不可能である。管轄下の業界に政策を浸透させ，逆に業界からの要望を吸収するためには業界団体の仲介機能が欠かせなくなっている。事情は，産業別官庁から政策の企画・立案機能を吸収してきた発改委にとっても同様である。行政改革の結果として，発改委と業界団体が直接的に関係をもつ場面が増えたといえよう。

3．発改委の物流業政策への関与と権限関係

　以上の分析にもとづいて，発改委をはじめとする行政機関や団体の物流業政策への関与，権限関係を整理したものが表3-2である。表中の中国共産党，

表3-2 物流関係機関・団体の権限関係概念図

	5カ年計画		産業発展計画		産業年次計画		行政権限
	策定	執行	策定	執行	策定	執行	
※中国共産党	○	監督					監督
※全人代専門委	○	監督					監督
中央政府 マクロ政策官庁	◎	◎	○	監督	○	監督	○
中央政府 産業官庁	○	○	◎	◎	◎	◎	◎
中央政府 国有企業	△	○	△	○	△	○	
業界団体			△	○	△	○	△（行政補助）
民間企業・外資企業			○		○		○
地方政府 マクロ政策官庁	△	○	△	○	△	○	○
地方政府 産業官庁	△	○	△	○	△	○	◎
地方政府 国有企業	△	○	△	○	△	○	
オピニオンリーダー	○		○		○		政策建議，世論形成

＜凡例＞
◎主導的立場からの関与
○行政管理上の関与
△間接的関与
（出所）筆者作成。

　全国人民代表大会専門委員会は，直接の政策実施主体ではないが，関連する方針や法案を審議，制定する権限を有する。発改委は中央政府のマクロ政策官庁に属する。その関与は(1)5カ年計画，(2)産業別発展計画（ここでは物流業発展計画），(3)産業別年次計画，に及ぶが，(2)(3)のレベルでは，個別の産業主管部門の権限が強い。発改委の関与は，行政管理ないし，計画執行上の監督など間接的なものとなる。

　とはいえ，第2章が分析しているように，発改委の権限の特徴は，長期・短期を問わず各種計画の策定に関与し，政策執行段階での政策協調にも参加することなどを通じて，間接的とはいえ広範な影響力を保持していることにある。物流業は新しいサービス業であり，各産業主管部門が個別に対応していては，政策の実効が上がらないケースも多いだけに，発改委の役割も大きくなる。しかも，発改委に匹敵する政策立案能力を備えた官庁は見当たらな

い。今後ともこうした趨勢が継続していくことは間違いなく，発改委の存在感が薄れることはないと予想される。

おわりに

　物流分野では，対外開放と市場経済化を車の両輪として企業も産業全体も発展を遂げてきた。しかし，本章でもみてきたように，産業政策の主眼は依然として物流企業育成と産業全体の発展におかれている。発改委の役割は，関係官庁や地方政府，関係団体と協調しつつ，こうした目標を果たすために望ましい政策環境を整備することが中心となっている。

　まず，発改委の職能発揮プロセスを整理すると，直接的な行政権限が縮小しているだけに，関係する中央官庁，地方政府（官庁），業界団体を媒介とした間接的な形態が中心となる。具体的には，(1)物流業発展計画の策定，物流標準策定への参与，(2)産業主管官庁による産業政策執行の督促，監督，(3)地方政府による政策執行の監督，(4)業界団体を通じた業界の実情把握，業界の指導となろう。

　つぎに，産業政策の内容であるが，2014年は12・5長期計画（2011〜2015年）の後半2年に当たり，同計画期間中における各官庁，各地方政府の物流業発展計画も出揃った状態にある。それらにおいて頻繁に引用，参照されているのは「物流業の調整と振興長期計画」（2009年3月）であり，当面は同計画が物流業発展の全般的方向をリードすることになる。もっとも計画の対象年次は一応2009〜2011年とされており，近い将来これを継承する政策文書が制定・公布される可能性がある。

　最後に，物流業政策実施を検証するうえで注目されるケースをあげておきたい。2013年3月の第12期全国人民代表大会第1回会議で，鉄道部の大幅改組がついに実現した。具体的内容は第3節1．(4)でみたとおりで，最後まで残っていた計画経済体制部門が解体された意義は大きいが，現状は，わが国

でいえば旧国鉄体制が実現したにすぎない。国家鉄道局は鉄道の発展計画や投資決定の大きな権限を有したままであるし，事業部門（鉄道総公司）を分割・民営化する道筋も示されていない。鉄道総公司は旧鉄道部から210万人の職員と資本金1兆360億元を引き継いだが，残された2兆6千億元の債務については総公司からは切り離され，国家財政で処理されるとみられる。

　各種報道や筆者が2013年9月に現地で関係企業，専門家にヒヤリングした結果によれば，今回の改組が最終的にどこに着地するのか明確になっているとはいえない。現場では一定の混乱状態もみられた[16]。今後は，事業部門たる鉄道総公司の分割・民営化が課題になると予想されるが，内容を含めてそのプロセスをどの部門が仕切ることになるのかも見通せない。2014年4月の国務院常務会議では，鉄道建設のピッチを上げて年間建設距離を前年より1000キロメートル増の6600キロメートルとする一方，資金調達のために鉄道発展基金を設立し，民間資金を導入（毎年の資金所要額は2000〜3000億元で，1年目は1500億元の債券を発行）することが決定された（http://www.gov.cn/guowuyuan/2014-04/02/content_2652125.htm）。決定の前半部分は，鉄道を景気刺激策として用いる旧態依然とした措置にもみえるが，後半部分には鉄道の民営化を進めようとする意図が感じられる。中国のような大陸国家にとって鉄道部門は物流全体に及ぼす影響が大きいだけに，その今後を注視する必要があろう。

〔注〕
(1)　正式呼称は「国民経済和社会発展第〇〇個五年規画」。通常，中国共産党内部での審議を経て全国人民代表大会で承認される。その起草，関係部門との調整は発改委が主管する。
(2)　原語の「規画」は長期計画ないしビジョンといったニュアンスの言葉である。本章では「長期計画」とした。
(3)　中国社会科学院専門家へのインタビューによる（2013年2月）。後述するように従来，同業に関する政策文書は経済運行局が起草していた。
(4)　官庁の名称はいずれも当時のもの。その後の行政改革で国家経済貿易委員会は国家発展計画委員会を改編した国家発展改革委員会と新設の商務部に，

第3章　国家発展改革委員会と産業政策　93

対外貿易経済合作部は商務部に吸収された。
⑸　企業がコスト削減を図る場合，物流コストの削減が，原材料・エネルギー消費低減，労働生産性の向上，に次ぐ3番目の手段であることを強調した用語。
⑹　荷主，運送業者以外の専門企業（サード・パーティ）が物流システム構築，調達，保管，受発注，在庫管理，流通加工，顧客管理，情報システムまであらゆる物流業務を統合して提供することを指す。
⑺　国家発展改革委員会・経済運行局での筆者ヒヤリング（2004年12月）。
⑻　「中国正在制定現代物流業発展規劃綱要」（人民網 http://www.peopledaily.co.jp，2004年7月7日アクセス）。
⑼　Vendor Managed Inventory，ベンダー管理在庫方式。メーカーや卸売業者が小売業者に代わって店頭の在庫を管理するサービス。
⑽　Just In Time，必要なときに，必要なものを，必要なだけ調達し，無駄な在庫を持たない方式
⑾　Radio Frequency Identification，移動体が一定地点を通過した時点で，移動体と固体設備との間で，電波等によるデータ伝送が行われ，移動体の認識や移動体に対するデータの書き換えなどが自動的に行われるシステム。
⑿　社会科学院学者，発改委シンクタンクの学者へのヒヤリング（2013年2月）。鉄道部に関しては，第18期全国人民代表大会での決定（2013年3月）。
⒀　『快逓服務"十二五"規画』（2013年）(http://www.ce.cn/cysc/itys/zhwl/201302/19/t20130219_21427266.shtml)
⒁　国家発展改革委・総合運輸研究所での筆者ヒヤリング（2006年7月12日）。また，中国物流与採購連合会編（2011）「序」においてもこの事実が指摘されている。
⒂　物流を専門とする学者（北京物資学院）は，筆者との意見交換においてこうした見解を披露した（2012年11月）。
⒃　中国物流研究会「第2回中国鉄道コンテナ輸送調査」日本海事新聞2013年11月25日付

〔参考文献〕

<日本語文献>
今井健一・丁可編 2008.『中国──産業高度化の潮流──』 アジア経済研究所 2008。
大西康雄 2005.「物流政策をめぐるアクターと相互関係」佐々木智弘編『現代中国

の政治変容――構造的変化とアクターの多様化――』アジア経済研究所 2005　195-223。
―――2008.「物流業の発展―広域化と高度化への挑戦」今井健一・丁可編 2008.『中国――産業高度化の潮流――』 アジア経済研究所，2008　249-286。
佐々木智弘編 2005.『現代中国の政治変容――構造的変化とアクターの多様化――』アジア経済研究所　2005。

＜中国語文献＞
国家経済貿易委員会経済運行局・南開大学現代物流研究中心主編 2002.『中国現代物流発展報告2002』北京 機械工業出版社。
許放編著 2012.『中国行政改革概論』北京 冶金工業出版社。
中国物流与採購連合会編　2002.『中国物流年鑑2002』北京 中国物資出版社。
―――2003.『中国物流年鑑2003』北京 中国物資出版社。
―――2011.『中国物流年鑑2011』北京 中国物資出版社。
中華人民共和国国務院弁公庁秘書局・中央機構編成委員会弁公室総合司編 1995.『中央政府組織機構』北京 改革出版社。
―――1998.『中央政府組織機構』北京 改革出版社。

第4章

国家発展改革委員会における政治的課題としての民族地域振興策への関与

星 野 昌 裕

はじめに

　中国研究の分野において，民族地域における政治的課題に関連するかたちで国家発展改革委員会の役割を明らかにしようとする試みは，これまで皆無であったといってよい。このように先行研究がきわめて限られた状況にあって，筆者は貴重な一次資料を入手することができた。それらの資料のなかには，地域振興策の実務を担う民族地域の関係機関および民族地域振興策にかかわる中央機関が，国家発展改革委員会に対して2008年度までの西部大開発の執行状況を詳細に記した報告書があった。この報告書の内容については第1節第3項以降で詳しく説明することにするが，延べ数百ページに及ぶこれらの資料に目を通していると，わずかではあるけれども，民族地域振興策における政治的課題に対する国家発展改革委員会の関与を確認することができた。そこから筆者はこれらの資料が研究課題を初歩的に解明するための重要なカギを握っているのではないかと考えるようになった。
　このような研究課題と分析手法を採用する本研究は，次のようなかたちで議論が進められることになる。第1節では，そもそも民族地域における政治的課題とは何を指すのかを明らかにする。この作業なしには，研究課題の具体性が明らかにされないからである。第2節以下では，民族地域振興策にお

ける政治的課題について，国家発展改革委員会の関与があるのかないのか，もしあるとすれば，それはどの程度までの関与であるのかを解明する。この観点から第2節では先ほど述べた一次資料のうちから国家民族事務委員会の報告書の内容分析を行い，第3節では新疆ウイグル自治区および新疆生産建設兵団による報告書の内容分析を行う。第4節では，延辺朝鮮族自治州，雲南省，内モンゴル自治区の報告書の内容分析を行うとともに，民族地域の発展改革委員会に視野を広げて民族地域振興策における政治的課題への関与がどの程度であるかを明らかにすることにしたい。具体的には新疆ウイグル自治区発展改革委員会の職責や活動を手がかりにして，民族地域に展開する発展改革委員会の職責や活動のなかに，民族地域に由来するような際立った特徴があるのかどうかを検討する。

第1節　民族地域振興策における政治的課題とは何か

　本節では，民族地域振興策を推進する背景に，民族地域特有のどのような政治的課題があるのかを明らかにしたい。ここでいう「民族地域」とは，自治区，自治州，自治県を包括する概念である「民族自治地方」に加えて，「民族自治地方ではないけれども，少数民族が比較的多く住む地域」を包括するものと解される。このような意味における民族地域において，「政治的課題」とはどのような問題を指しているのだろうか。少数民族の視点から民族地域における政治的課題を解き明かすことにしたい。

1．最優先課題としての地域的安定

　民族地域における政治的課題を明らかにするためには，中国における少数民族の特徴を，居住地域と人口の両面から明らかにすることが重要となる。少数民族が多く住む地域は1949年の建国後，行政レベルに応じて自治区，

自治州，自治県に再編された。自治区は内モンゴル自治区，新疆ウイグル自治区，チベット自治区など5つ，自治州は延辺朝鮮族自治州など30あり，120あまりの自治県とあわせて，これらを民族自治地方と総称する。これをふまえて居住地域をめぐる民族地域のひとつめの特徴は，民族自治地方の総面積だけで中国全土の63.9％にのぼることである。つまり中国の国土の3分の2は自治区，自治州，自治県で占められているのである。先ほど定義づけたように民族地域が民族自治地方を包括する概念であるとすれば，民族地域の領域はより広範なものとなる。ふたつめの特徴は，民族自治地方が面積のうえで広大なだけではなく，それが中国の陸地国境線を独占していることである。このふたつの特徴をあわせて中国の国家構造を考えると，陸地国境線の内側を沿うように民族自治地方がベルト状に分布していることがわかる。見方をかえると中国と周辺国の間には長大な民族地域が横たわっているのである。中国の周辺にはモンゴル，カザフスタン，北朝鮮など中国の少数民族と同じ民族による国家や，イスラーム教でつながるアフガニスタンのように政情不安な地域がある。中国と隣接国は民族ファクターを通じてさまざまな問題が相互に連動しあう構造をもっているのである。

　つぎに人口数からみた中国の少数民族の特徴は，少数民族という場合の「少数」が必ずしも「少ない数」を意味しない民族が多く含まれている点である。現在の中国では56の民族が政府に公認されており，このうち漢族以外の55の民族を少数民族と呼んでいる。10年ごとに大規模に実施される人口統計[1]によれば，2010年の時点で少数民族の人口比率は8.4％にすぎず，中国全体の人口比率からみれば，たしかに「少数」である。しかし少数民族人口の絶対数は1億1197万人で，これは日本の人口に匹敵する規模であり，民族別にみてもチベット族が628万人，ウイグル族が1007万人，モンゴル族が598万人である。隣接するモンゴル国が約300万人で国家を形成していることを考えれば，人口500万人を超えるこれらの民族は，十分に国家を形成しうる人口規模をもっている。こうした中国の「少数」民族は，約12億人の漢族に比べて相対的に「少数」であるにすぎないのである。一方，55の少数民族のう

ち，名実ともに「少数」の民族も少なくない。約20の民族は人口が10万人以下である。こうした名実ともに人口の少ない民族は，中国語で「人口較少民族」，すなわち「人口がより少ない民族」と特別に表記されるのが通例であり，人口規模の大きいウイグル族やモンゴル族などとは区別される。「人口がより少ない民族」に対する政策の中心は民生面の拡充や伝統的文化の保持におかれ，政治的課題の色合いは相当に薄まるものとなる。中国政府にとって政治的課題として認識される民族問題は，前者のような人口規模の大きな民族が引き起こす問題のことである。こうした民族は居住分布の特徴とも相まって，中国政府にとって国家統合を確保するうえできわめて大きな脅威となっているのである。

　人口面からみた中国少数民族のふたつめの特徴は，一級行政区を例にとるならば自治区ごとの民族人口比率に大きな差異があり，それが民族問題や民族騒乱の性質を規定していると考えられることである。たとえば，2008年と2009年に民族騒乱が発生したチベットとウイグルについても，チベット自治区と新疆ウイグル自治区の民族人口比率を検討することで，それぞれの騒乱の特徴を説明することが可能となる。まずチベット自治区では，チベット族が人口総数の91％を占める一方で，中国全土のチベット族628万人のうち，チベット自治区に住んでいるのは272万人で全体の43％にすぎないという特徴がある。この数字を逆説的に言いかえれば，中国全土のチベット族のうち，その57％がチベット自治区以外の地に住んでいるということになるのである。2008年3月に発生したチベット騒乱が，チベット自治区の中心都市であるラサを発信源としながら，それが近隣の青海省，四川省，甘粛省のチベット族居住地に飛び火した理由を明らかにするには，こうした人口分布の特徴を理解しておく必要があるのである[2]。

　これに対して新疆ウイグル自治区では，中国全土のウイグル族の99％が同自治区に住んでおり，チベットと異なって，民族運動の際に自治区の領域拡大を求めるような動きは出にくい構図になっている。むしろウイグル族が問題にするのは，漢族が自治区に大量に流入してくることよって，新疆ウイグ

ル自治区におけるウイグル族の人口比率が極端に減少していることである。2010年のデータによれば，自治区の総人口2182万人のうちウイグル族の比率は46％にとどまっており，これに対して漢族が40％を占めている。この人口比率の数値を歴史的に比較すると，ここでの問題点が浮き彫りとなる。すなわち，現在の自治区に相当する地域において，1949年に中華人民共和国が建国した時のウイグル族の人口比率は76％であったといわれている。この数値が今日では46％となっていることからわかるように，約60年の間に自治区の人口にウイグル族が占める割合が30％も低下しているのである。一方，漢族の人口比率は建国時の7％から40％へと33％も増加している。つまりこれらの数値が明らかにしていることは，漢族が新疆ウイグル自治区に流入したことによって，自治区におけるウイグル族の人口比率が急激に低下したということである。こうした人口比率の変化ゆえに，ウイグル族が民族運動を起こした時には，漢族を自治区の外に追い出すことを求めるようになり，漢族との激しい対立構図の中から自らの政治的経済的社会的な不満を表明するようになるのである。

　以上のように民族地域振興策における政治的課題といっても，その政治的課題の内容は地域によって大きな相違があることを意識しておく必要がある。ただし中心都市に目を向けるとチベット自治区，新疆ウイグル自治区のいずれにおいても漢族の人口増加が際立っており，チベット自治区のラサ市中心部では2010年の時点で漢族人口が39％に上っている。また新疆ウイグル自治区のウルムチ市では漢族人口が75％，ウイグル族は12％にすぎない。漢族が民族自治地方の中心都市においてプレゼンスを高めていることがわかり，その意味では両者に共通する政治的課題も存在する。

　民族地域振興策を進めるにあたってそこに政治的課題が発生するのは，少数民族の文化の多くが漢族文化とかけはなれた特徴をもっているからでもある。イスラーム教を信仰するウイグル族や伝統的仏教観をもつチベット族のように，少数民族は宗教，言語，文化，歴史観などの面で高い独自性を保持している。こうした民族的な多様性は，国家をまとめるうえで阻害要因とし

て作用しやすい。それを防ぐために，毛沢東時代には社会主義イデオロギーを使って民族の求心力を確保してきた。しかし改革開放時代に入って脱社会主義化が進むと，多民族をまとめるために新しいアイデンティティが必要となり，愛国主義や中華民族論が強調されるようになった。だが愛国主義や中華民族論は，少数民族の伝統的な価値観を否定することにつながるためかえって民族問題を深刻化させかねず，民族地域を振興させようとする際にも，少数民族の文化，宗教，言語にまつわる諸問題への対応が政治的課題におけるひとつの焦点となるのである。

以上のように中国は，絶対人口の大きい少数民族が，国境沿いの広大な領域で多数の漢族と雑居し，漢族と異なる独自の文化をもつ多民族国家であり，そのため中国の民族政策は，政治的優遇策を与えて少数民族を取り込もうとするよりも，対外的安全保障や国家統合の確保を最優先に位置づけるものとなった。民族地域振興策における政治的課題とは，こうした問題を指すと考えてよい。

2．政治的課題の解決策としての民族地域振興策

こうした民族地域の政治的課題に対処すべく，中国では1980年代末から少数民族の遠心力を防ぐための民族政策が実施されてきた。その政策内容は多岐にわたるが，本研究課題とかかわりが深いといえるのが，経済発展至上主義とも表現できる政策の展開である。

2005年5月に胡錦濤政権最初の中央民族工作会議が開催され，民族自治地方の経済状況について，2004年における民族自治地方の1人当たりGDPが全国平均の67.4%であることが報告され，地域の協調的な発展を通じて経済格差を縮小し，共同富裕を実現するとの目標が掲げられた。民族自治地方の内部を局地的にみれば経済発展の著しい都市も存在するが，総じていえば民族自治地方の経済発展が遅れているのは確かである。民族自治地方の経済発展を推進するために，中央と沿海省市からの経済支援が進められている。こ

れは「対口支援」と呼ばれるが,自治区内の都市ごとに沿海省市が経済発展を支援している(星野 2007, 154-155)。

しかし,先ほど述べたような少数民族の居住構造などにより,民族地域の経済発展は,辺境地域の防衛や国家統一の観点からも重視されてきた。たとえば新疆ウイグル自治区党委政研室政治研究処処長だった申建華は,「国境に接する西部の少数民族地域は沿海地域との経済格差が拡大しており,少数民族の生活が相当に困難である。この状況を改善しなければ,内外の敵対勢力が機会に乗じて騒乱を起こす可能性がある」と沿海地域との格差を縮小することを基本としながらも,「一貫して注意が必要なのは周辺国家に比べてより速い経済発展と生活水準の高さを保持することである。そうしてはじめて少数民族が中国共産党の指導を擁護し,国内外の敵対勢力による破壊活動に自覚的に抵抗するようになる」と主張する(楊主編 2005, 236-238)[3]。また民族地域の希少資源開発と沿海地域や内陸中心都市の経済発展を結びつけ,国家全体と民族地域を同時に発展させることもねらっている。つまり周辺国よりも高い経済成長と生活水準を維持するとともに,沿岸地域との経済的一体性を確保することで国家統合を強固にしようとしており,必ずしも少数民族の生活を向上させるための政策とは言い切れない。2010年5月に建国以来,初めての新疆工作座談会が開催されたが,その議論の中心は新疆という「地域」をどうするかにおかれていた(胡錦濤 2010, 702-725)。ウイグル族など「少数民族」の待遇改善がおもに論じられなかったのも,こうした議論を象徴していよう。

3. 国家発展改革委員会に向けた民族地域振興策の実施情況報告

民族地域を広範に包括している民族地域振興策としてすぐ念頭に浮かぶのは西部大開発である。西部大開発という言葉に示される「西部」とは,四川省,重慶市,貴州省,雲南省,甘粛省,陝西省,青海省,寧夏回族自治区,新疆ウイグル自治区,チベット自治区,広西チワン族自治区,内モンゴル自

治区の6つの省，5つの自治区，ひとつの直轄市を指すが，中国と北朝鮮の国境に位置する延辺朝鮮族自治州なども西部大開発の恩恵を受けられることになっている。このように「西部」とは，地政学的な意味での「西部」というよりも，少数民族が比較的多く居住している地域のことを指す概念としてとらえた方がわかりやすい。したがって民族地域振興策における政治的課題に対する国家発展改革委員会の関与を分析するには，西部大開発を事例にとることが有用な研究手法のひとつと考えられる。

国家発展改革委員会が民族地域振興策を制定する立場にあるとするならば，国家発展改革委員会は実際に民族地域振興策がどのように実施され，どのような課題を抱えているかを掌握しておく必要がある。そのためには，民族地域振興策を実施する現場の政府機関や中央官庁から，国家発展改革委員会に対して何らかの報告があげられるはずである。しかし，これまでの研究ではそのような報告書の存在が体系的に明らかにされることはなかった。

先述したように筆者が入手した一次資料のなかに，地域振興策の実務を担う民族地域の関係機関が国家発展改革委員会に対して，2008年までの西部大開発の執行状況を詳細に記した報告書があった。具体的には，広西チワン族自治区，陝西省，新疆生産建設兵団，延辺朝鮮族自治州，内モンゴル自治区，寧夏回族自治区，四川省，新疆ウイグル自治区，雲南省，重慶市の各関係機関が，「国家発展改革委弁公庁関於請提供西部大開発政策措施落実情況和2008年西部大開発工作総結的通知（国家発展改革委員会［2008］2387号）」の通知に基づいて，2008年までの西部大開発の実施状況を総括するとともに，翌年以降の政策目標や課題などを詳細に示した内容となっている。さらにこれらの資料のなかには，上述したような各地方の民族地域関係機関から国家発展改革委員会にあてた報告以外に，中国農業銀行，国家広播電影電視総局，税関，交通部，国家開発銀行，国家民族事務委員会，民生部，国家人口計画生育委員会，水利部，中国証券監督管理委員会，中国石油化工発展計画部，中国共産党中央宣伝部，財政部などが国家発展改革委員会にあてた報告内容も含まれている。

第4章　国家発展改革委員会における政治的課題としての民族地域振興策への関与　103

　民族地域振興策の政治的課題に国家発展改革委員会が何らかのかたちで関与しているとすれば，当然のことながらこうした報告書のなかにそれに関連する言及があるはずである。次節以降ではこれら一次資料の内容分析を行うことで，民族地域振興策にかかる政治的課題に対し国家発展改革委員会が関与しているのかいないのか，もし関与しているとすればそれはどの程度までの関与であるのかを解明する作業を行うことにしたい。

第2節　国家民族事務委員会から国家発展改革委員会に提出された西部大開発の実施状況に関する報告内容にみる政治的課題との関連

　本節でとりあげる国家民族事務委員会は少数民族に関する事務を取り扱う政府機関である。したがって同委員会による報告は，いずれにしても少数民族と何らかのかかわりをもつものと考えることができる。本節では，国家民族事務委員会が国家発展改革委員会にあてたふたつの報告書，すなわち国家民族事務委員会弁公庁（2008a）および国家民族事務委員会弁公庁（2008b）のなかから，国家発展改革委員会との連携がみられるプロジェクト，さらには地域振興策の一環でありながらそれが民族地域の政治的課題と何らかのかかわりをもつ可能性があるプロジェクトを(1)政治的課題との関連が窺えるうえに，国家発展改革委員会の関与が明示されているプロジェクト，(2)国家発展改革委員会の関与が明示されているが政治的課題との関連が弱いプロジェクト，(3)国家発展改革委員会の関与が明示されておらず政治的課題との関連も弱いが国家発展改革委員会に情報が伝えられているという点で注目しておくべきプロジェクトの3つのケースに分類し，その内容を分析することにしたい。

1. 民族地域振興策の政治的課題において国家発展改革委員会の関与が窺えるプロジェクト

　国家民族事務委員会弁公庁（2008a）のなかで，民族地域の政治的課題に対するストレートな言及があるのは，少数民族の人材育成に関するプロジェクトである。すなわち，2000年に中央組織部および中央統一戦線部とともに《2000－2009年選派西部地区和其他少数民族地区幹部到中央，国家機関和経済相対発達地区掛職鍛錬工作計画》を制定し，それにもとづいて民族地域の幹部を中央，国家機関あるいは経済が比較的発達している地域での実地訓練に派遣したことは，「民族団結の促進，祖国統一の保障に対して積極的な効果を発揮させている」と指摘するのである（国家民族事務委員会弁公庁 2008b, 5)。さらに，少数民族のハイレベルな人材育成については，「教育部，国家発展改革委員会，国家民族事務委員会，財政部，人事部が共同で2004年に《関於大力培養少数民族高層次骨干人才的意見》，2005年6月に《培養少数民族高層次骨干人才計画的実施方案》をだし，2006年から新疆ウイグル自治区を含む西部の省・自治区および関係機関で学生を募集した」[4]とあるように，こうした少数民族の人材育成には国家発展改革委員会の関与がみられる（国家民族事務委員会弁公庁 2008b, 2-3)。

　このように，少数民族の人材育成が民族地域振興策の政治的課題にかかわるプロジェクトであるとの認識が示されていること，また国家発展改革委員会の関与が示されていることから，以下では国家民族事務委員会のふたつの報告書のなかで，どのような少数民族の人材育成プログラムが展開されているかを示しておきたい。

　少数民族幹部の育成について，国家民族事務委員会は《2001－2005年辺境地区，西部民族地区少数民族党政領導幹部育成計画》，《2003－2005年全国民委系統民委幹部和民族幹部教育育成工作計画》，《2008－2010年全国民委幹部教育養成計画》を制定して辺境地区・西部民族地区の幹部育成を進めている

ほか，これとは別に2000年に中央組織部と共同で《関於挙弁辺境県和西部民族地区県級党政主要領導幹部経済管理研討班的通知》をだして，辺境県と西部民族地区県級党政主要領導幹部を集中的に育成しているという。さらに，国家民族事務委員会は「国家民委引進国（境）外智力工作弁公室」を創立し，国家外国専家局との連携で西部地区の少数民族幹部の国外研修を実施しているほか，先述したような国内での実地研修を行っている（国家民族事務委員会弁公庁 2008a, 4-5）。

政治的課題との関連では，少数民族の優秀な人材を幹部に引き上げることが重要となるが，この点についてはたとえば，国家公務員の募集に関して少数民族の出願者に対して優遇措置をとり，少数民族幹部を一定比率で確保できる制度をつくる必要があるとしている。さらに少数民族幹部の人材不足をなるべく早く解決するため，西部への人的流動を奨励し，内地や沿海部の人材を西部の民族地域とくに辺境民族地域におくる支援策を強化する方針が示されている。具体的には，中央国家機関や省レベルの党政機関幹部を西部に派遣するとともに，毎年全国の重点大学から優秀な新卒者の一団を選び西部地区に配属し県レベル以上の党政領導予備幹部として育成するとしている（国家民族事務委員会弁公庁 2008a, 6-7）。

2．国家発展改革委員会との連携が明示されているが，政治的課題との関連が薄いプロジェクト

(1) 「人口のより少ない民族」への支援

国家民族事務委員会の報告書によれば，国家発展改革委員会は「人口のより少ない民族」を発展させるためのプロジェクトを実行し，2006年から2010年までの5年間で中央予算内資金10億元を割り当て，総数にして4669のプロジェクトを計画，また2008年には《扶持人口較少民族発展計画（2005－2010年）》に対する中間評価を行い，2009年と2010年には農村飲料水，農村メタンガス，無電地区の電力建設，全村放送の開通などのプロジェクトを進める

とした（国家民族事務委員会弁公庁 2008a, 2）。

　また2008年から国家民族事務委員会は，国家発展改革委員会，財政部，中国人民銀行，国務院扶貧弁公室とともに，各地の実施情況に対して検査を行うとともに（国家民族事務委員会弁公庁 2008b, 2），「人口のより少ない民族」が抱える発展に関する問題などを根本的に解決するため，2009年には国家発展改革委員会や財政部などと連携し，第12次5カ年計画に対する調査を進め，そのための政策を提案するという（国家民族事務委員会弁公庁 2008a, 6）。

(2)　祝賀建設プロジェクトへの関与

　2008年は，1958年に自治区となった広西チワン族自治区と寧夏回族自治区の50周年祝賀と重なっていたため，その建設プロジェクトに協力するかたちで国家発展改革委員会の関与がみてとれる。

　国家民族事務委員会は，国家発展改革委員会および広西チワン族自治区，寧夏回族自治区の発展改革委員会などの関係機関と連携し，両自治区の祝賀建設プロジェクトにかかわっている。2008年4月には両自治区に調査研究組を派遣して現地調査を行い，祝賀プロジェクトの主要な問題点を明らかにしたという。この調査が完了した後には，それらの問題点を国家発展改革委員会に報告したうえで自治区[5]へフィードバックしたようである（国家民族事務委員会弁公庁2008b, 5-6）。

3．注目しておくべきプロジェクト

(1)　民族地域振興策の中心的課題――「興辺富民行動」の推進――

　国家民族事務委員会の報告書のトップで示されるプロジェクトは「興辺富民行動」である。「興辺富民」とは辺境を振興し民を豊かにしようというスローガンを指している。国家民族事務委員会弁公庁2008aによれば，1999年の中央民族工作会議から実施に移され，2000年には辺境の9つの県（2001年には17カ所に拡大）で試験的に実行されてきた。そして2004年からは辺境の

9つの省や自治区の37か所で重点的に実施され,その後も国家民族事務委員会が中央関連機関や辺境の省・自治区の民族事務委員会と連携しながら2008年には重点県を120にまで拡大し,西部の6つの省・自治区のすべての辺境県と東北三省の辺境にある県レベルの民族自治地方をカバーしたという(国家民族事務委員会弁公庁 2008a, 1)。この活動のために中央政府は少数民族発展資金のなかに興辺富民行動資金を設け,2000年には1500万元,2008年には3億6000万元まで金額を増やしており,これにあわせてその他の資金も辺境地区に集まっている[6]という(国家民族事務委員会弁公庁 2008a, 1-2)。また国家民族事務委員会と財政部が共同で発した《関於作好2008年興辺富民行動工作的通知》に基づき各地の関係機関に同政策の推進を要求している(国家民族事務委員会弁公庁2008b, 1)。

(2) 震災救援活動

四川省アバ・チベット族チャン族自治州汶川県で2008年5月12日に巨大地震が発生した後,国家民族事務委員会は国務院震災救援領導小組の一員として,災害後復旧計画の調査研究と調整に積極的に関与しており,四川,甘粛,陝西等地震災害地区でも調査研究を進めている(国家民族事務委員会弁公庁 2008b, 5)。

第3節　新疆ウイグル自治区および新疆生産建設兵団から国家発展改革委員会に提出された西部大開発の実施状況に関する報告内容にみる政治的課題との関連

本節では新疆ウイグル自治区と新疆生産建設兵団が国家発展改革委員会に提出した報告書,すなわち新疆維吾爾自治区発展和改革委員会弁公室「関於新疆自治区落実西部大開発政策措施情況的報告」(新疆維吾爾自治区発展和改革委員会弁公室 2008)および新疆生産建設兵団西部大開発弁公室「新疆生産

建設兵団関於西部大開発政策措施落実情況的彙報」（新疆生産建設兵団西部大開発弁公室2008）をとりあげて，本研究テーマに迫ることにしたい。

　新疆ウイグル自治区は現在の中国の民族問題のなかで，もっとも先鋭なかたちで問題が噴出している地域である。これらの報告書は2008年12月にまとめられているが，それから7カ月後の2009年7月5日に新疆ウイグル自治区のウルムチで大規模なウイグル族の民族騒乱が発生している。この騒乱はすぐに収束せず7月7日になって漢族による反ウイグル族を掲げる民族騒乱を誘発した。したがってこのときの騒乱は，7月5日の「ウイグル族騒乱」と7月7日の「漢族騒乱」をひとつにくくり，あわせて「ウルムチ騒乱」とみるのが適切である。最終的な被害者数は死者192名，負傷者1721名となったが，中国政府の発表を事件全容の最低ラインとしてみても，新疆ウイグル自治区で起こった騒乱としては最大規模だったといってよい[7]。

　新疆ウイグル自治区はこのような民族騒乱が頻発する点で特徴的であるうえに，新疆生産建設兵団が存在している点にも大きな特徴がある。新疆生産建設兵団[8]とは党，政，軍，企業のすべての面を備えた組織で，13の農業建設師団とダムなどの大規模工程を扱う建設工程師団および関連企業などによって構成されている。兵団の民族構成は約9割が漢族で，ウイグル族は数％にすぎない。兵団は新疆ウイグル自治区という民族自治地方に展開しながら高度な自由裁量権を有する大規模な漢族集団組織であるといえる。兵団は中国の西域防衛を担う軍事的機能や自治区内で発生するデモや民族運動を押さえ込む治安維持機能が期待されており，治安維持機能については，1990年4月5日のバレン郷事件では農1師および農3師が「突出した貢献」を担い，また1997年2月5日のイリ事件では農4師の民兵500名が投入されたという（馬 2003，220）。

　このように新疆ウイグル自治区と新疆生産建設兵団はそれぞれの指令系統は異なるものの，民族地域の政治的課題という点については抱え込む問題点に共通項も多い。今回入手した資料のなかでも，民族地域における政治的課題と各プロジェクトとの関連への言及が多かったのが新疆ウイグル自治区と

新疆生産建設兵団の報告書であった。結論を先取りしていえば，国家民族事務委員会の報告とは異なり，残念ながら国家発展改革委員会の直接的な関与を読みとることはできないが，少なくとも民族地域で実施されるプロジェクトが現場関係者のなかでどのようなかたちで政治的課題とリンクして認識されているかを明らかにすることはできるように思う。以下では(1)辺境防衛を意識したプロジェクト，(2)民族教育に関するプロジェクト，(3)経済的優遇策に関するプロジェクトにわけて，ふたつの報告書の内容を検討することにしたい。

1．辺境防衛を意識したプロジェクト

　新疆ウイグル自治区が中国西北部の大半を占める地勢的な要因をもつために，ふたつの報告書はいずれも安全保障や国家統合を強く意識した内容となっている。
　まず新疆ウイグル自治区発展改革委員会の報告では，西部大開発におけるシンボリックなプロジェクトとして「西気東輸」の全線貫通操業を挙げており，中国・カザフスタン石油パイプライン，ウルムチ・蘭州精製石油パイプライン，鄯善・蘭州原油パイプライン，カラマイ・ウルムチ天然ガスパイプラインの操業が始まっており，新疆ウイグル自治区は内地と周辺諸国とをつなげる国家の重要なエネルギーの安全な大動脈を基本的に構築したと指摘する（新疆維吾爾自治区発展和改革委員会弁公室2008，3）。
　つぎに新疆生産建設兵団の報告では，安定した辺境防衛を確保するための措置として経済面，とりわけ養老金支出の問題を指摘している。すなわち，まず2001年から2007年にかけて中央財政の地方に対する転移支出は年平均12.87％（2001年6001億元，2007年1兆5809億元）増加したにもかかわらず，兵団に対する財政割当金は年平均10.58％（2001年76億元，2007年170億元）の増加にとどまっているとし，西部大開発戦略を推進するための需要を満たすことが難しくなっていると指摘する。そのうえで，教育経費と養老金の問題を

具体的に指摘している。教育経費については，2008年秋季に兵団が中央からの資金を得て生活費補助を提供した家庭経済困窮寄宿生は全寄宿生のうちわずか34％にとどまっているほか，小中学校校舎の11.7％は老朽化し38.9％はいまだに防災基準に達していないとする。養老金については，とくに辺境や南疆に位置する経済的に困窮な兵団では，退職養老年金，行政事業単位離退職年金，住民の最低生活保障金などの負担が重く，たとえば退職養老年金の支出は，2007年を例にとると10億4200万元で，そのうち中央財政補助は54.9％の5億7206万元しかなく，残りの45.1％（4億6994万元）は兵団が負担せざるをえない状況にあるという。こうした養老金の問題を「辺境防衛の安定した建設に不利益」になっているとストレートに指摘しているが，前後の文意からみて教育問題についても同様の認識をもっていると考えることができる（新疆生産建設兵団西部大開発弁公室 2008, 4-5）。

新疆生産建設兵団の報告書ではこのほかに，辺境地区における政法システムの強化を図ることで，国境防衛を安定的に維持する能力をあげるとしている（新疆生産建設兵団西部大開発弁公室 2008, 15）。

2．民族教育に関するプロジェクト

民族教育のなかでも，とりわけ少数民族に対する漢語教育は民族政策を考えるうえできわめて重要な意味をもっている。

新疆ウイグル自治区，チベット自治区，青海省および四川省のチベット族居住区では漢語と少数民族母語とのバイリンガル教育が推進されている。このバイリンガル教育が実施される過程で少数民族の学校と漢族の学校が合併され，少数民族の教師が教壇にたつための条件として漢語能力がチェックされるなどしている。2010年5月の新疆工作座談会で当時国家主席だった胡錦濤は，2012年までに就学前児童に対して2年間のバイリンガル教育を実施し，国家で通用する中国語（漢語）を「主」とし，少数民族の言語を「補」とする方針を強調している（胡錦濤 2010, 711-712）。こうした政策をめぐっては，

2010年秋に青海省でチベット族の学生や生徒による異議申し立て行為が発生している。アメリカに本部をおくラジオ・フリー・アジアの報道によれば，2010年10月19日，中国西部の青海省・同仁県で数千人のチベット族学生・生徒が，民族の平等とチベット語の使用機会の拡大を求めてデモを行った[9]。この異議申し立て行為の背景には，青海省でも中国語（漢語）を「主」とし，少数民族言語を「補」とする教育方針があった。2010年9月に発表された「青海省中長期教育改革と発展計画綱要（2010－2020年）」[10]は，少数民族の学校と漢族の学校の合併を推進するとともに，小学校では2015年までに中国語（漢語）を「主」，少数民族の言語を「補」とするバイリンガル教育を実現し，できるだけ早くその環境を中学校に引き上げる方針が示された。このように，民族地域でバイリンガル教育を進めたりする行為はきわめて高次元の政治的課題といえるのである。

　これをふまえて，新疆ウイグル自治区の報告書によれば，中央政府による強力な支援のもとに体育センターを設立するなどの社会事業を推進しているようだが，そのなかで本研究課題に大きく関連するのは，少数民族が通う学校と漢族が通う学校を合併する「民漢合校」プロジェクトがこうした社会事業の一環に組み込まれていることである（新疆維吾爾自治区発展和改革委員会弁公室 2008，4）。民族学校の合併は中国語（漢語）の普及を推進するうえで重要な意味をもっているが，これと関連して新規事業への提案として，少数民族地域において小学校入学前と高等教育でのバイリンガル教育を義務教育化し，それにともなう増加資金を中央の財政予算にのせることが示されている（新疆維吾爾自治区発展和改革委員会弁公室 2008，11）。

　バイリンガル教育については新疆生産建設兵団の報告書にも詳しい言及があり，少数民族のバイリンガル教育について中央政府，2003年以来1800万元（2003年は600万元，2004－2006年は各400万元）を財政出資し，大学などが新疆全域で少数民族のバイリンガル教育の中核となる教師研修を担当することになったという。また，毎年200名の少数民族中学教師を内地の中学校で1年間研修させることに対して中央は830万元の補助を行うとともに，2003年に

は新疆の小中学校の中核教師210名を国家級研修計画に組み込むために中央政府は一時的な補助教育経費として270万元を支出し，2004年からは毎年2520万元を拠出して新疆のバイリンガル中核教育研修事業プログラムの実施を支援したという（新疆生産建設兵団西部大開発弁公室 2008, 10）。一方で教育資金の投入については，対口支援の政策実施が一定の水準に達しておらず，たとえば北京大学，西安交通大学による新疆での中学校の中国語（漢語）教師研修経費補助政策は兵団で実施されていないとされ，新卒の師範大学生とその他の大中専卒業生を組織的に新疆に派遣して中国語（漢語）教育に2年ほど従事させる事業についても，交通費や保険などの経費を国家財政の教育経費から調達するという政策がまだ実施されていない点が指摘されている（新疆生産建設兵団西部大開発弁公室 2008, 9-10）。

3．経済的優遇策と政治的課題

新疆ウイグル自治区ではもともと北部（以下，「北疆」）と南部（以下，「南疆」）のあいだで経済や社会インフラの格差が指摘されており，民族問題という観点に立っても南疆で発生する問題は武装闘争的な様相を呈することが少なくない。そのようなことから，南疆の発展は以前から政治的な課題とされていた。そのようななかで新疆ウイグル自治区の報告書は，異なる条件をもつ地域間での税収優遇策が過度に均等化している点を指摘しており，西部大開発以来，新疆ウイグル自治区の税収減免企業数5位までの地区のうち4地区が北疆にあり，減免総額も5位までのうち4地区が北疆であるという。南疆の自然環境が非常に悪くインフラの整備や経済全体が立ち後れ，規模の大きな企業が少ない状況にあって，税収優遇策を受けられる企業がきわめて少ないのは大きな問題で，後進性の高い南疆にはより有利な税収優遇政策を実施すべきだと指摘する（新疆維吾爾自治区発展和改革委員会弁公室 2008, 9）。あわせて中小企業に対する企業所得税についても新疆ウイグル自治区としては10％税率を下げることにしつつも，南疆の中小企業に対しては20％下げる

べきだと指摘する（新疆維吾爾自治区発展和改革委員会弁公室 2008, 10）。同じ税制の問題としては，周辺国家から輸入する民族特需用品に対しては輸入税と輸入関連税を免除する特殊政策を与えるべきだとしている（新疆維吾爾自治区発展和改革委員会弁公室 2008, 11）。

新疆生産建設兵団の報告書では，土地使用優遇策の実施に関して，開発区建設用地の基準地価が高いことを問題視している。報告書によれば，政府が開発区建設用地に対する分類を行って基準地価を確定したが，兵団のおかれた環境と地域情況からみると，兵団開発区と工業区の基準地価はいずれも相対的に高すぎで，たとえば石河子国家級経済技術開発区の基準地価は上海の崇明開発区と同等になっているという。これは「西北国境の要塞に位置し，内地の市場から遠い石河子開発区からすると，一定程度の優勢な条件もなく，企業誘致と資金導入の難度が増してしまっている」と指摘する（新疆生産建設兵団西部大開発弁公室 2008, 6）。安全保障の問題をストレートに論じたわけではないが，国境の要塞という表現で国家統合問題を認識していることがうかがえる。

第4節　民族地域振興策の政治的課題に対する発展改革委員会の関与の限定性

すでに第3節までの議論で明らかなように，国家民族事務委員会，新疆ウイグル自治区，新疆生産建設兵団の報告書から読み取るかぎり，民族地域振興策における政治的課題に対する国家発展改革委員会の関与は限定的であるといえる。そうした限定性に対する判断根拠を増やすために，本節第1項から第3項ではさらに延辺朝鮮族自治州，雲南省，内モンゴル自治区からの報告書をとりあげ，それらの報告内容から国家発展改革委員会の関与の限定性を推察する作業を進めることにしたい。これに加えて第4項では，民族地域の発展改革委員会のなかから新疆ウイグル自治区発展改革委員会を例に取り

上げて，民族地域の発展改革委員会に民族地域特有の職責や活動があるのかどうかを考察し，そこから国家と地方を問わず，発展改革委員会全体による政治的課題への関与の限定性を推察する作業を進めることにしたい。

1．延辺朝鮮族自治州から国家発展改革委員会に提出された西部大開発の実施状況に関する報告内容にみる政治的課題との関連

　延辺朝鮮族自治州からの報告は，いずれも延辺朝鮮族自治州発展改革委員会が2008年11月にまとめたもので「関於延辺州西部大開発政策措施実施情況的報告」（延辺朝鮮族自治州発展和改革委員会 2008a）と「延辺朝鮮族自治州2008年西部開発工作総結」（延辺朝鮮族自治州発展和改革委員会 2008b）のふたつである。延辺朝鮮族自治州は吉林省に属する行政区であり，新疆ウイグル自治区などに比べればはるかに小さな領域であり，その意味で朝鮮族をはじめとする少数民族に密着した報告が期待されたが，少数民族を特別に対象とした記述は次のような点に限定されたものだった。

　まず，延辺朝鮮族自治州民族事務委員会が毎年国家政策援助資金などから約5000万元以上を得て，それを使って121の少数民族発展基金プロジェクトを実行していることが報告され，城鎮衛生インフラ，教育インフラ，郷村公共インフラが整備されたという。さらに和龍，龍井，図們，安図の4つの県市を国家民族事務委員会の「興辺富民行動」の重点援助県（市）に組み入れ，辺境地区の経済社会発展を推し進めたことが報告されている（延辺朝鮮族自治州発展和改革委員会 2008a，4）。

　つぎに今後の改善策のなかで，延辺の少数民族地域をひとつの独特の生態経済区として発展計画を立てる必要性に言及している（延辺朝鮮族自治州発展和改革委員会 2008a，11）。そして産業政策において民族地域へ適切な傾斜を考慮すべきことが盛り込まれている（延辺朝鮮族自治州発展和改革委員会 2008a，12）。

2．雲南省から国家発展改革委員会に提出された西部大開発の実施状況に関する報告内容にみる政治的課題との関連

　雲南省は自治区ではないため省自体は民族自治地方ではないが，数多くの少数民族が居住するエリアとして知られ，省のなかに自治州や自治県が存在している。その意味で雲南省は，第１節で定義づけたように民族自治地方ではないけれども十分に民族地域と呼ばれる資格をもっているといえる。
　雲南省からの報告はいずれも雲南省西部大開発領導小組弁公室によるもので「雲南省西部大開発領導小組弁公室関於実施西部大開発政策執行情況及建議的報告」（雲南省西部大開発領導小組弁公室 2008a）および「雲南省西部大開発領導小組弁公室関於雲南省2008年西部大開発工作総結及2009年工作要点的函」（雲南省西部大開発領導小組弁公室 2008b）のふたつである。このうち雲南省西部大開発領導小組弁公室（2008a）のなかで，「辺境，少数民族，貧困地域に対すると特別な扶助政策」という項目が立てられている。
　この項目で言及されているのは，まず財政投入を拡大し辺境地域や少数民族地域の困窮した民衆の民生問題を改善する必要性についてである。具体的には，以工代賑（物資で援助するのではなく，仕事を与えて救済に代える），安居温飽（落ち着いて生活し，衣食が満ち足りること），労務輸出（農村から都市，国内から外国への労働の輸出）などの脱貧プロジェクトを拡大し，辺境民族地域の電力不足，水不足，公共サービス施設の深刻な立ち後れを改善することを求めている（雲南省西部大開発領導小組弁公室 2008a, 17）。また雲南省は貧困層の広がりが大きく，政府は雲南省にある80の貧困県（市，区）農村の最低生活保障制度と農村医療救助制度の確立に向けて政策や資金面での傾斜を与えると同時に，辺境民族地域の「人口のより少ない民族」とチベット族に対してより重点的な支援と傾斜を与える必要があると述べている（雲南省西部大開発領導小組弁公室 2008a, 17）。
　つぎに東南アジアに隣接する地理的優位性を利用することを前提に，辺境

民族地域を積極的に国際地域協力に関与させて国境貿易の発展に力を入れることが示されている。具体的には，外国貿易輸出割当額，輸出の税金払い戻しの方面で辺境民族地域に一定の自主権を与え，多様な弾力的措置を利用して外国の資金や技術を集め，現地資源の開発と加工業の発展を促進させることがうたわれている（雲南省西部大開発領導小組弁公室2008a, 17)。

3．内モンゴル自治区から国家発展改革委員会に提出された西部大開発の実施状況に関する報告内容にみる政治的課題との関連

内モンゴル自治区は，新疆ウイグル自治区，チベット自治区と並ぶ三大自治区のひとつである。しかし，内モンゴルのふたつの報告書，すなわち「内蒙古自治区2008年西部大開発進展情況及存在問題」(2008年12月10日）と「内蒙古自治区西部大開発政策措施落実情况」(2008年11月19日）にはいずれも国家発展改革委員会が民族地域振興策における政治的課題に関与するような記述はなかった。ふたつの報告書の見出し（表4-1）から，内モンゴル自治区においては民族地域振興策の政治的課題において国家発展改革委員会の関与が弱いことを示すことにしたい。

表4-1　内モンゴル自治区の報告書の章立て（概要）

Ⅰ．「内蒙古自治区2008年西部大開発進展情况及存在問題」(2008年12月10日）。 　1．全体的な経済進展状況 　　(1)産業発展からみた経済状況 　　　①農牧業生産の強化，②工業経済の安定的回復，③サービス業の安定した成長 　　(2)需要面からみた経済状況 　　　①固定資産投資の着実な増加，②消費需要増加の加速，③対外貿易輸出入の安定した増加。 　2．インフラ整備及び重点プロジェクト 　　(1)水利建設，(2)交通インフラ，(3)都市建設 　3．特色ある優勢産業の発展 　　(1)エネルギー産業，(2)化学工業，(3)鉄鋼及び有色金属，(4)特色ある農牧業及び加工業，(5)旅行業

4．生態建設と環境保護
　5．基本的な公共サービス建設
　6．改革の推進
　　(1)2008年の自治区経済体制改革指導意見の制定
　　(2)小城鎮発展改革試点工作の指導と推進
　　(3)「科学発展試験区」の設立に関する研究の着手
　7．開放の拡大
　8．諸問題

Ⅱ．「内蒙古自治区西部大開発政策措施落実情況」(2008年11月19日)
　1．内蒙古自治区が受けた西部大開発政策の実施情況
　　(1)国家の建設資金投入拡大による自治区のインフラ環境の改善
　　(2)生態環境の改善
　　(3)企業の税負担の軽減
　　(4)東部地区人材支援
　2．2000年以来の中央補助資金情況
　3．西部大開発重点プロジェクトの進展情況
　　(1)投資増大の主要な力量となる重点建設プロジェクト
　　(2)エネルギー，化学工業，設備製造など優勢産業の強化
　　(3)インフラ建設の継続的加速
　　(4)省エネルギーの段階的好転
　　(5)地区間投資増大の調整
　　(6)新規プロジェクトの管理強化
　4．西部大開発の政策実施における問題
　　(1)政策の漠然さと扱いの困難さ
　　(2)政策調整の遅れ
　　(3)政策実施過程における協調機構の関与の少なさ
　5．西部大開発政策を継続的に推進するための提案
　　(1)建設資金の投入と財政転移支給力を継続して強め，支持比率の下限と年度増加幅を明確にし，年度審査をしやすくすること
　　(2)土地と鉱産物資源開発に関する自主権を高め，土地が広く人口が少なく，かつ資源が豊富であるという西部地区の優位性を発揮しやすくすること
　　(3)西部地区の地方税収に対するコントロールを強めること
　　(4)政策実施過程において協調機構をより関与させること

(出所)　筆者作成

4．新疆ウイグル自治区発展改革委員会の職責からみる政治的課題への関与

　本項では，民族地域に展開する地方の発展改革委員会の職責や活動を手掛かりにしながら，民族地域の発展改革委員会に民族地域の政治的課題にかかわる特徴的な活動があるのかどうかを検討することにしたい。地方の発展改革委員会は国家発展改革委員会と緊密な連携をとって活動していると考えられ，その活動に焦点をあてることで，国家発展改革委員会のみならず広く発展改革委員会全体の活動において，民族地域振興策における政治的課題への関与があるかどうかを明らかにすることが可能と考えられる。

　ここではまず国家発展改革委員会の職責を明らかにしたうえで，その職責と地方の一機関である新疆ウイグル自治区発展改革委員会の職責とを比較して，そこにどの程度の相違があるのかを確認してみることにしたい。

　国家発展改革委員会は主要な職責として15項目を挙げている[11]。すなわち(1)国民経済と社会発展戦略，中長期計画と年度計画の立案実施，(2)マクロ経済と社会発展状況の予測と警告，(3)財政政策などの関与，(4)経済体制改革の推進と総合的調整，(5)重大建設プロジェクト，(6)経済構造の戦略的調整，(7)地域の協調的な発展と西部大開発・東北振興計画の策定，(8)重要商品の総量バランスとマクロ・コントロール，(9)社会発展と国民経済発展に関する政策，(10)持続可能な発展戦略の推進，(11)気候変動に対する政策，(12)国民経済と社会発展，経済体制改革，対外開放に関する法律などの起草，(13)国民経済動員計画，(14)国家国防動員委員会に関する具体的な工作，(15)その他国務院から与えられた職務，である。一方，新疆ウイグル自治区発展改革委員会の主要な職務は12項目である。その詳細は注釈[12]に譲ることにし，端的に結論をいえば，ほとんど内容に異なるところがない。つまり新疆ウイグル自治区発展改革委員会の職責は国家発展改革委員会の職責と相似しており，民族地域の政治的課題に対応する特別な役割が明示的に与えられているわけではない。この傾向は，青海省発展改革委員会，内モンゴル自治区発展改革委員会，延辺朝鮮

第 4 章　国家発展改革委員会における政治的課題としての民族地域振興策への関与　119

族自治州発展改革委員会の主要職責を比較しても同様の結果が得られている。
　つぎに新疆ウイグル自治区発展改革委員会の指導者の分業状況を分析し，そこから民族地域特有の政治的課題への対応が特定の役割として明示されているかどうかを検討することにしたい。新疆ウイグル自治区発展改革委員会の複数の副主任の分業体制は次のとおりである[13]。

主任：張春林
副主任：
①杜魯坤・托乎提：社会発展処，離退休幹部工作処
②牛暁萍：経済体制総合改革処，経済貿易処（自治区糧食調整弁公室），自治区信息中心，自治区国際工程諮詢中心
③熱依汗・玉素甫：収費管理処，農産品・水資源価格処，エネルギー交通価格処，医薬・サービス価格処，価格コスト監審局，価格監測中心，価格認定局
④孫永建：地区経済処（自治区応対気候変化領導小組弁公室），就業・収入分配処，西部開発処，培訓中心，自治区政府投資建設項目代建管理局，
⑤楊伊波：政策研究室（特区弁公室），固定資産投資処（自治区渉外（建設）項目国家安全事項審査弁公室），外資利用・境外投資処，エネルギー処，産業協調処，項目建設管理処
⑥張学習：紀検組（監察室）
⑦甘昶春（援新疆弁専職副主任）：企画処，援疆処，総合処
⑧李明伝：農村経済処，高技術産業処，以工代賑処，財政金融処
⑨陳志江：交通処，価格監督検査局，自治区建設項目稽察特派員弁公室（自治区全社会節能監察局），自治区国民経済動員弁公室
⑩趙宏越（自治区対口援疆工作協調領導小組弁公室副主任）：対口援疆工作処

　以上のように，指導者の分業体制をみても，民族地域の政治的課題に特化した職務を与えられている指導者はいないことがわかる。また2013年1月1日から2013年12月31日までの活動実績[14]を概観してみても民族地域の政治的課題に直接かかわるような活動はみられない。こうした指導者の分業体制や

活動実績については，他の民族地域における発展改革委員会でも新疆ウイグル自治区発展改革委員会の事例とほぼ同様の結果が得られており，民族地域の政治的課題に対する発展改革委員会の関与が限定的であることを示している。

おわりに

　本章では，民族地域振興策における政治的課題について，国家発展改革委員会がどの程度まで関与しているのかを分析対象としてきた。具体的には，民族地域振興策として西部大開発を例に取り上げ，2008年に中央と地方の関係機関が国家発展改革委員会に提出した西部大開発の実施状況に関する報告書に依拠して議論を進めてきた。

　すでに本文で論じたように，国家民族事務委員会の報告書からは，民族地域振興策の政治的課題および国家発展改革委員会との双方の関連が明示されているプロジェクト，国家発展改革委員会との連携が明示されてはいるものの民族地域振興策の政治的課題とは関連の弱いプロジェクトのふたつのプロジェクトを検討するなかで，国家発展改革委員会の関与を認識することができた。とくに前者の分類のなかで指摘できるのは，少数民族の人材育成に関するプロジェクトのなかで国家発展改革委員会がそれを政治的な課題として認識しながらかかわっているということである。

　また，新疆ウイグル自治区および新疆生産建設兵団の報告書からは，西部大開発への関与そのものが安全保障や国家統合を確保するための政治的課題と認識されていることが窺え，その文脈のなかで論じられるプロジェクトは養老金や教育に関する費用負担や地域内経済格差の克服についてであった。民族問題への対応という観点からもっとも興味深いのは，少数民族に対するバイリンガル教育を実施するための教師育成費用や校舎整備などの支援に積極的な関与がみられることである。

しかし，延辺朝鮮族自治州，雲南省，内モンゴル自治区などの報告書や，新疆ウイグル自治区発展改革委員会の職責やその活動などから導き出した結論を総括していえば，民族地域振興策の政治的課題に対する国家発展改革委員会および地方の発展改革委員会の関与はきわめて限定的であるということである。

　今後の研究課題として本研究の限界を指摘するならば，本稿の議論で導きだした結論には，そもそもの条件として「民族地域振興策における」との前提がつけられていたことである。この「民族地域振興策における」という前提条件が外れた場合，民族地域が抱える政治的課題に対する国家発展改革委員会の関与はより広範にわたっている可能性があり，この点を今後の研究課題として示し本論を締めくくることにしたい。

〔注〕
(1) 少数民族人口については，国務院人口普査弁公室，国家統計局人口和就業統計司編 2012．『中国2010年人口普査資料』（上　中　下冊）北京　中国統計出版社，による。
(2) こうした人口分布をめぐる数値は，インド亡命中のダライ・ラマ14世側と中国側との対話のなかで，ダライ・ラマ14世側がチベットの求める高度な自治の領域を，チベット自治区とその周辺のチベット族居住地をあわせた領域とするように要求する社会的背景につながるものである。というのも，仮にチベット自治区という限られた領域だけで高度な自治が認められたとしても，それを享受出来るのは中国全土のチベット族の43％にすぎないからである。しかし中国側は，ダライ・ラマ14世側の求めるチベットの領域は中国全土の約25％にもなるとして，この主張を批判している。なお中国とチベットの対話の詳細については，星野（2013）を参照のこと。
(3) このあたりの詳細については，星野（2009, 95）を参照のこと。
(4) 具体的には2008年には4200人の学生を手配し，そのうち修士課程が3400人，博士課程の学生が800人で，おもに清華大学，北京大学，中国人民大学など国家重点大学や院生育成機関に配属され，卒業後は協議のうえ指定された地域・機関に就職することになるという。国家民族事務委員会弁公庁（2008b, 2-3）。
(5) この点について報告書の中では，理由は不明だが，広西チワン族自治区へフィードバックしたことへの言及はあるが，寧夏回族自治区へフィードバッ

クしたかどうかの言及はない。
(6) インフラ整備，農業生産，生態，文化教育など経済社会発展の各分野に関わる2万強のプロジェクトをおこし，限りのある資金が比較的好い経済的社会的効果を発揮し，"民心プロジェクト"，"徳政プロジェクト"と称された。
(7) 2009年のウルムチ騒乱の詳細については，星野（2012）を参照のこと。
(8) 新疆生産建設兵団については，星野（2007）を参照のこと。
(9) "Students Protest Language Change", RFA〈http://www.rfa.org/english/news/tibet/language-10192010170120.html〉，2014年2月16日アクセス。
(10)「青海中長期教育改革和発展規画綱要（2010－2020年）」『新華網』〈http://news.xinhuanet.com/edu/2010-09/23/c_12598473.htm〉，2014年2月16日アクセス。
(11) 中国国家発展和改革委員会HP（http://www.sdpc.gov.cn/jj/default.htm），2014年2月16日アクセス。
(12) (1)国民経済と社会発展方針を貫徹し，自治区国民経済と社会発展戦略，中長期計画と年度計画を提案する，(2)マクロ経済と社会発展体制の監視予測と警告の責任を負う，(3)自治区の財政，金融，産業，価格政策等の情況を分析し政策を提案する，(4)経済体制改革の推進と総合調整の責任を担い，自治区経済体制改革と対外開放を研究する，(5)重大建設プロジェクトと生産力の計画などの責任を負う，(6)産業構造の戦略調整，(7)外資利用の発展戦略や自治区対外債務構造を監視する，(8)市場供給情況を研究し，自治区の重要農産品，工業品と原料の輸出入総量計画を立案し，監督執行する，(9)自治区社会発展と国民経済発展の政策をつなぎあわせ，社会発展戦略，総体計画と年度計画を制定し，人口と計画出産，科学技術，教育，文化，衛生，民生などの発展政策の制定に参与し，自治区社会事業発展の重大な問題を調整するほか，就業促進，収入分配の調整，社会保障と経済強調発展政策の改善も行う，(10)持続可能な発展戦略を推進し，自治区のエネルギー総合利用計画及び政策に責任を負う，(11)自治区国民経済と社会発展及び経済体制改革，対外開放に関する法律の策定，(12)自治区人民政府の公布したその他の事柄の実行。
(13) 出典は新疆ウイグル自治区発展改革委員会（http://www.xjdrc.gov.cn/copy_4_second.jsp?urltype=tree.TreeTempUrl&wbtreeid=9912），2014年2月16日アクセス。
(14) 新疆ウイグル自治区発展改革委員会の活動実績については，同委員会ウェブサイトの工作動態のページを参照のこと。（http://www.xjdrc.gov.cn/second.jsp?urltype=tree.TreeTempUrl&wbtreeid=9916），2014年2月16日アクセス。

〔参考文献〕

<日本語文献>
星野昌裕 2007.「安全保障と少数民族」村井友秀, 阿部純一, 浅野亮, 安田淳編著『中国をめぐる安全保障』ミネルヴァ書房 138-155。
―――2009.「中国の国家統合と新疆ウイグル自治区の民族問題」佐々木智弘編『現代中国の政治的安定』アジア経済研究所 81-103。
―――2012.「党国体制と民族問題――チベット・ウイグル問題を事例に――」加茂具樹, 小嶋華津子, 星野昌裕, 武内宏樹編著『党国体制の現在――変容する社会と中国共産党の適応――』慶應義塾大学出版会 153-175。
―――2013.「『自治』をめぐる民族紛争――民族区域自治制度の制定と展開――」国分良成, 小嶋華津子編『現代中国政治外交の原点』慶應義塾大学出版会 207-225。

<中国語文献>
国務院人口普査弁公室, 国家統計局人口和就業統計司編 2012.『中国2010年人口普査資料』(上 中 下冊) 北京 中国統計出版社。
胡錦濤「深入貫徹落実科学発展観, 努力推進新疆跨越式発展和長治久安」(2010年5月17日) 中共中央文献研究室, 中共新疆維吾爾自治区委員会編 2010.『新疆工作文献選編――一九四九－二〇一〇――』北京 中央文献出版社。
馬大正 2003.『国家利益高於一切――新疆穏定問題的観察与思考――』烏魯木斉 新疆人民出版社。
楊発仁主編 2005.『西部大開発与民族問題』北京 人民出版社。

<国家発展改革委員会宛の報告書（中国語）>
財政部 2008.「中央財政2000－2007年落実西部大開発政策措施的有関情況」(2008年12月)。
重慶市 2008.「重慶市西部大開発政策措施実施情況」。
重慶市 2008.「重慶市2008年西部大開発工作総結」。
広西壮族自治区西部大開発領導小組弁公室 2008.「広西壮族自治区西部開発2008年工作総結和2009年工作設想」(2008年12月5日)。
国家広播電影電視総局 2008.「広電総局弁公庁関於提供広播影視2008年推進西部大開発工作情況的函」(2008年12月4日)。
国家広播電影電視総局 2008.「広電総局弁公庁関於提供広播影視落実西部大開発政策措施情況的函」(2008年11月27日)。

国家開発銀行 2008.「国家開発銀行2008年支持西部大開発的工作情況及2009年的工作設想報告」.
国家民族事務委員会弁公庁 2008a.「国家民委弁公庁関於西部大開発政策措施落実情況的函」(2008年11月).
国家民族事務委員会弁公庁 2008b.「国家民委弁公庁関於2008年西部大開発工作総結的函」(2008年11月).
国家人口計画生育委員会弁公庁 2008.「国家人口計生委弁公庁関於報送2008年西部大開発工作総結的函」(2008年12月3日).
国家人口計画生育委員会弁公庁 2008.「国家人口計生委弁公庁関於報送西部大開発政策措施実施情況的函」(2008年11月28日).
海関総署弁公庁 2008.「海関総署弁公庁関於西部大開発政策措施落実情況的函」(2008年12月5日).
交通部 2008.「交通部関於報送西部大開発政策措施落実情況和2008年西部大開発工作総結的函」(2008年11月26日).
民生部 2008.「民政部対西部大開発政策措施落実情況的復函」.
内蒙古自治区 2008.「内蒙古自治区2008年西部大開発進展情況及存在問題」(2008年12月10日).
内蒙古自治区 2008.「内蒙古自治区西部大開発政策措施落実情況」(2008年11月19日).
寧夏回族自治区 2008.「寧夏回族自治区発改委関於報送寧夏2008年西部大開発工作総結和2009年工作設想的函」.
陝西省発展和改革委員会弁公室 2008.「関於陝西省実施西部大開発政策措施落実情況的報告」(2008年11月26日).
陝西省発展和改革委員会弁公室 2008.「関於上報陝西省2008年西部大開発工作総結的報告」(2008年12月).
水利部 2008.「水利部関於報送西部大開発政策措施落実情的函」.
四川省 2008.「四川省西部開発2008年工作総結和2009年工作設想」.
新疆生産建設兵団西部大開発弁公室 2008.「新疆生産建設兵団関於西部大開発政策措施落実情況的彙報」(2008年12月3日).
新疆維吾爾自治区発展和改革委員会弁公室 2008.「関於新疆自治区落実西部大開発政策措施情況的報告」(2008年12月10日).
延辺朝鮮族自治州発展和改革委員会2008a.「関於延辺州西部大開発政策措施実施情況的報告」(2008年11月).
延辺朝鮮族自治州発展和改革委員会 2008b.「延辺朝鮮族自治州2008年西部開発工作総結」(2008年11月).
雲南省西部大開発領導小組弁公室 2008a.「雲南省西部大開発領導小組弁公室関於実施西部大開発政策執行情況及建議的報告」(2008年12月4日).

雲南省西部大開発領導小組弁公室 2008b.「雲南省西部大開発領導小組弁公室関於
　　雲南省2008年西部大開発工作総結及2009年工作要点的函」(2008年12月 8 日)。
中国共産党中央宣伝部 2008.「中宣部西部地区宣伝思想工作和精神文明建設」(2008
　　年12月12日)。
中国農業銀行 2008.「中国農業銀行関於落実西部大開発政策措施情況的報告」(2008
　　年11月20日)。
中国石油化工発展計画部 2008.「中国石化2008年西部開発総結及政策建議」(2008
　　年12月 9 日)。
中国証券監督管理委員会 2008.「証監会2008西部開発情況及2009思路」(2008年12
　　月 1 日)。

第5章

2008年四川大地震後の復興活動において国家および地方の発展改革委員会の果たした役割

渡辺 直土

はじめに

2008年5月の四川大地震後の復興活動において，発改委の機能はどのようなものであったか。本章では復興体制の構築，物価調整およびその他の復興活動の3点から，発改委が果たした役割を具体的に検討していく。とくに中央レベルから地方レベルに至る発改委系統がどのように機能したかについて解明していく。資料としては国家発改委のウェブサイトで公開されている通知や行政文書，報道関連資料および各種の新聞記事等を利用する。四川大地震後の復興活動をとりあげる理由としては，大災害後の復興活動であることから当然規模も大きくなり，人，モノ，金が集中的に動くため，地方レベルを含めた発改委系統の果たした役割が象徴的に浮き彫りにされるのではないかと考えるからである。

第1節　復興体制の構築

ここでは震災発生後の復興活動について，活動を進めるうえでの体制構築の面で国家発改委および地方レベルの発改委がどのような役割を果たしたの

かについてみていく。2008年5月12日の地震発生後,国務院は当日中に抗震救災総指揮部を設置し,5月18日にはその下で9つの工作組を設置することを決定した。すなわち,応急救済組,大衆生活組,地震観測組,衛生防疫組,宣伝組,生産回復組,インフラ保障および災害復興組,水利組,および社会治安組であり,国務院の各省庁はそれぞれの工作組に参加し,復興活動にあたるとされた。発改委はそのうち,インフラ保障および災害復興組において主導的単位となり,それ以外に大衆生活組,衛生防疫組,生産回復組および水利組に参加するとされた[1]。また,14品目の物資を調達し,被災地を支援することと,インフラ整備のために緊急に3億元投資することを決定した[2]。これは四川省発改委が国家発改委に対して,インフラ整備や応急処置用の資金を要望したことによる。また,四川省発改委は国家発改委主任の張平が被災地を視察するのに同行し,その後全省の発改委系統に対して復興活動に全力を挙げるよう指示している[3]。これに応じて県レベルやその他レベルの発改委(局)でも応急部隊を結成し,復興活動にあたっている。たとえば綿陽市の発改委は北川県で救助活動に従事し,自貢市発改委は飲料水や食料を調達し徳陽に送った。崇州市や成華区の発改局は企業の生産を支援した[4]。四川省発改委は5月19日の会議で,当面の任務を資料収集,全体計画および個別の計画の作成であるとした[5]。

　6月に入り,1日に国務院抗震救災総指揮部は国家汶川災害復興計画組(以下「計画組」と略)の設置を決定し,災害復興計画の策定および関連政策の研究を担当するとした。国家発改委が計画組の組長単位となり,副組長単位は四川省政府,住宅城郷建設部および国務院の関連部門とされた。計画組の第1回会議では「国家汶川災害復興計画活動案」が検討され[6],6月13日に決定された。ここでは各級政府部門の復興活動の分担等について定めている[7]。また,復興活動の法的根拠として,6月4日に国務院常務会議で「汶川地震災害復興条例」が制定された[8]。6月13日には計画組の第2回会議が開催され,国家発改委および四川,甘粛,陝西の各発改委,住宅城郷建設部および国務院の関連部門が参加した。ここでは「汶川地震災害復興全体計画

大綱」が審議され，原則的に採択された。また，復興計画の範囲や政策研究の進行状況などについて協議された[9]。その後全体計画の策定に向けて，国家発改委副秘書長で，計画組弁公室秘書長でもある楊偉民が陝西省を視察した。陝西省発改委主任の祝作利が陝西省の被災状況を説明し，全体計画および個別計画の策定作業が進んでいることを報告した[10]。

　7月に入り国家発改委副主任の穆虹が甘粛省を視察した。陝西省と同様，甘粛省発改委主任の趙春が甘粛省の被災状況と復興活動の状況を報告した。それを受けて穆虹は全体計画の策定作業を継続し，復興活動をさらに進展させるよう指示した[11]。穆虹は陝西省も視察し，全体計画の策定作業の進展度合いを確認している[12]。7月14日には計画組の第3回会議が開催され，「国家汶川地震災害復興計画」の範囲を四川，甘粛，陝西3省で重大な被害を受けた51の県，市，区であるとし，この範囲をもとに復興計画の策定作業を進めていくことが決定された[13]。そして，7月19日に四川省で「四川省汶川地震災害復興全体計画」が採択され，甘粛，陝西でも同様の全体計画が採択された。ここで，インフラ整備や住宅再建，産業再建，生態再建などのプロジェクトについて，各省レベルで大まかな計画が策定された[14]。

　各省で全体計画が策定されたことを受けて，国家発改委は「国家汶川地震災害復興全体計画」を策定し，広く国内外各所の意見を募集し，とくに被災地の幹部や一般民衆の要望を反映させるためとして，「公開意見募集稿」として8月14日に公開した。ここでは復興活動全体の目的については，民生の保障を基本とし，住宅再建や学校，病院など公共設備やインフラの再建，就業問題や生態環境の再建を進めていくとされた。また復興で必要とされる1兆元の資金については，中央財政，地方財政，募金などの支援金，国内銀行および国際機関からの借款など，多方面から調達するとした[15]。そして約1カ月後の9月19日に正式に「国家汶川地震災害復興全体計画」が採択された。このなかで復興活動の目標については，3年程度で主要任務を完成させ，基本的な生活条件および経済社会の発展水準は災害前のものを上回り，安定的な家庭環境をつくり，経済社会の持続的な発展のための基礎を固めるとされ

た[16]。

　その後9月28日には四川省発改委が復興活動推進のための会議を開催し，21の市（州）の発改委，被害が大きかった51の県（区，市）およびその他の県政府，発改委（局），政府の関連部門などが参加した。会議では四川省の国土庁，財政庁，建設庁，環保局，四川省発改委計画処，投資処，項目処，成都市発改委，汶川県，北川県，青川県，什邡市政府が発言している。そして個別計画とその実施の関連について，復興の重大プロジェクトの実施の加速や，年度投資計画の編成，責任の細分化と実施主体の明確化などについて協議された[17]。11月には国家発改委が「国務院汶川地震災害復興活動協調小組」を設立した。その任務としては，復興活動の関連政策の協調，復興計画の指導，計画実施における中期的な評価や計画終了時の総括，各被災地の指導部の連携，関連する重大事項の国務院への報告などとされ，発改委主任の張平が組長に，副組長には発改委副主任の穆虹，財政部副部長の張少春，住宅城郷建設部副部長の仇保興が就いた。国務院の33部門の責任者がメンバーとなり，協調小組の弁公室は国家発改委におかれることになった[18]。

　全体計画の策定を受けて個別計画については，2009年に入り，甘粛省ですべての個別改革の策定が完了した。これは甘粛省発改委およびその他省政府の関連部門が都市体系，農村建設，住宅建設，インフラ建設，公共サービス設備建設，産業調整，市場サービス体系，防災減災，生態回復および土地利用計画について，策定したものである[19]。また，陝西省では3月に陝西省発改委が省政府の常務会議において，2008年の復興活動の進展状況および2009年の活動予定を報告している。この会議では2009年は学校や病院，老人施設など公共サービス設備の再建を重点的に進めることが強調された。甘粛省でも3月末までに復興活動のうち，2500項目はすでに開始され，1100項目は完成したとされた。住宅建設が必要な37万8000戸のうち，90％以上ですでに工事が開始され，59.5％は竣工したとされた。また97％の住宅では修理が完了したとされた[20]。また四川省でも地震発生から1年が経過した5月の段階で，住宅や学校，病院の再建や就業状況などについて，復興活動の進展度合を報

告している[21]。国家発改委副主任の穆虹は地震後1年に際して，強力かつ秩序を有し，有効に各種の災害復興活動を推進し，重要かつ段階的な成果を得て，復興活動の全面的勝利に向けて基礎を固めたと評価した[22]。

　ここまでの2008年5月の地震発生から1年余りの復興体制の構築についてまとめると，5月12日の地震発生直後にまず国務院に抗震救災総指揮部が設置され，その下で6月1日に国家汶川災害復興計画組が設置され，国家発改委が組長単位として財政部や住宅城郷建設部，および各級政府と協調し，復興活動計画を策定することとなった。そして，四川，甘粛，陝西の各発改委が主導して，省レベルの復興活動計画を策定し，それを受けて国家発改委が「国家汶川地震災害復興全体計画」を策定した。国務院汶川地震災害復興活動協調小組においても国家発改委主任の張平が組長となり，弁公室も国家発改委内におくなど主導的単位となった。国家発改委は復興資金の問題では財政部と，住宅再建の問題では住宅城郷建設部といったように国務院の他部門と協調しているが，その広範な権限を生かして全体計画そのものの策定において主導的な役割を果たしているといえよう。そして，被災地各省の発改委がそれぞれの状況に対応して詳細な復興計画を策定し，実施している。すなわち，体制構築の面では中央レベルにおいて大方針を決定し，省レベルの発改委が主導して各省の復興計画を策定，それを受けて中央レベルで国家発改委が全体の計画を策定しており，その後省レベルで個別計画の策定といったように，中央と省の発改委が主導し，その相互作用を通して体制が構築されていったことがわかる。

第2節　物価調整

　復興活動のなかでも，とくに発改委系統が集中的に役割を果たしたのが，物価の調整である。大規模な災害後において復興活動を進めるなかで，食料や飲料水，医療，およびインフラの再建などで当然大量の物資が必要となり，

物価上昇圧力に直面していた。発改委は平時より「価格法」第14条を根拠として価格政策を策定する権限を有しており[23]，とくに復興活動においては上述のようにインフラ整備に主導的な役割を果たすこととされていたことから，価格上昇により必要物資の調達に支障をきたせば，インフラの再建および復興活動全体にも影響を及ぼすことになるため，地震発生直後から物価調整については重点的に対応している。ここではその過程を中央レベルと地方レベルの双方をみながら検討する。

　地震発生後においては，5月22日に国家発改委が各部署に対して復興物資の価格監視を強化する通達を出している。そのなかで，食糧，食用油，野菜など食品や生活必需品の価格を維持し，テント，鋼材，ガラス，セメントなどの物資の価格の安定が非常に重要であるとして，四川，重慶，陝西，甘粛などの被災地の各価格主管部門に食品，薬品，医療用品，交通運輸，燃料などについて臨時価格調整を実施した上で，価格変動状況に応じて，省政府に報告，許可を得た後，テント，鋼材，ガラス，煉瓦，セメント，木材などについては臨時価格調整を実施するとした。不当な価格上昇などの違法行為については電話などでの通報を奨励し，悪質な行為については厳重に処罰するとした[24]。これを受けて陝西省の価格主管部門は通知を出し，各区設市，とくに比較的被害の少なかった西安，宝鶏，咸陽，漢中，安康などにおいては価格監視活動を強化し，食品，薬品，建築材料，交通運賃などの価格については全面的に検査を行い，弁当，インスタントラーメン，ビスケット，ミネラルウォーターおよび交通運賃のつり上げなど違法行為を厳しく取り締まり，違法行為を発見した場合は陝西省物価局に通報するとした。また，陝西省物価局は市場価格の動向を省党委，省政府，国家発改委に1日1回報告するとした[25]。甘粛省物価局でも同様に通知を出し，5月26日より隴南，甘南，天水，定西などの被災地の価格主管部門に対して，テント，鋼材，セメント，ガラス，煉瓦，木材などの価格を週2回報告するよう指示し，その他の地区の価格主管部門についても価格の変動を警戒するよう指示した。そして陝西省と同様に，生活必需品については臨時価格調整を行い，テント，鋼材，セ

メント，ガラス，煉瓦，木材などの価格についても適宜価格調整を行うとした。また，省内の各企業に対して，これらの物資の販売価格が5月12日の水準を上回らないよう要請した。不当なつり上げなどの違法行為についても陝西省と同様，電話による通報を奨励した[26]。5月29日の甘粛省委副書記の劉偉平は甘粛省物価局を視察し，価格監視システムを整備すること，価格を安定させる政策措置を強化すること，市場価格に対する監視を強化することを指示した[27]。四川省物価局も同じく通知を出し，省内各市の物価局が食品，薬品，医療用品，日用品，建築材料，交通運賃，燃料などに対して臨時価格調整を行うとした。また，成都，綿陽，徳陽，広元，雅安，阿壩州の価格主管部門に対し，食品価格を1日2回報告するよう要請し，また1，2県を選んで糸やセメント，煉瓦，木材などの物資の需給および価格状況を1日1回報告させるとした。違法行為については電話での通報を奨励し，省内の各企業に法令順守を要請した[28]。

　被害の少なかった雲南省でも，被災地を支援するため，雲南省発改委価格監督検査局が省内の各企業に対し，薬品，鋼材，セメントなどの物資の価格を不当につり上げないよう，法令遵守を求めている[29]。山東省でも通知を出し，テントや仮設住宅の生産・供給および価格監視を強化するとした。そのなかではこれらの物資やその原材料に対して山東省政府が臨時価格調整を行い，一律5月11日の水準を超えてはならないとした[30]。その他の地域でも5月末の時点で，たとえば遼寧省では省物価局が，吉林省では省発改委がそれぞれ通知を出し，仮設住宅の原材料に対して臨時価格調整を行い，震災前の水準を上回ってはならないとしている。天津市では市物価局が企業および各区県物価局にテントおよび仮設住宅の原材料の価格が震災前を上回らないよう通知を出している。上海市では市発改委が仮設住宅の原材料を生産する企業に対し，価格が震災前を上回らないよう通知を出し，一部企業に対しては検査を行っている。江蘇省および湖北省でもそれぞれ省物価局が各級物価局に対してテントや仮設住宅の価格を監督するよう通知を出している[31]。このように震災発生直後から被災地である四川，甘粛，陝西のみならず，それ以

外の地域の各省価格主管部門も市,県レベルの価格主管部門に対して次々と指示を出し,復興に伴う需要急増による便乗値上げを許さない姿勢を明確にしている。なお,5月末の時点で四川省物価局は震災後数日間は米,油,野菜,肉,インスタントラーメン,ミネラルウォーター,テントやタクシー運賃などで価格上昇がみられたが,その後復興物資が届いたことで供給不足が緩和され,また各地の価格主管部門が臨時価格調整や違法行為の処罰,価格監視の強化,法令順守の徹底などを実施したことにより,物価状況は基本的に安定し,市場の価格秩序は比較的良好であるとしている。不完全な統計ながら全省で検査グループが4391組,のべ1万5782人が出動し,6万6661カ所の企業および店舗を調査し,価格違法案件を488件摘発し,経済制裁(罰金など)を157万元科したとしている[32]。

6月に入り,11日には国家発改委が鋼材,セメント,ガラス,煉瓦,木材などの物資の供給を保障し,不合理な価格上昇を抑制し,復興活動に支障が出ないように,各級各部門に再度通知を出している[33]。価格調整については被災地および周辺省の価格主管部門が状況に応じて,「価格法」の規定に従い,省政府の批准を得た後に価格調整を行うとしている。また,6月11日および12日の時点で,四川,重慶,甘粛,陝西の食品の価格は基本的に安定しているとした[34]。また,6月21日には国家発改委と監察部が世界的な原油価格の上昇とにもない,石油製品および電力価格の調整に伴う影響を抑制する通知を出しているが,ここでも被災地である四川,陝西,甘粛の被害の大きかった県では電力価格の調整を行わないとしている[35]。7月10日には国家発改委が山東省煙台で「市場物価の安定および価格公共サービスと法制工作の推進会議」を開催し,各省レベルおよび計画単列市[36],副省レベルなどの地方発改委あるいは物価局が参加した。ここでは,世界的な物価上昇圧力に直面するなかで,復興活動に必要な物資については価格の臨時調整を続けていくことが述べられた[37]。

8月に入り,甘粛省では省政府弁公庁が再度通知を出し,被災地の物価の安定のため,価格調整および監督を強化するとした。そのなかで,食糧,油,

卵，牛乳，液化天然ガスなどの食品や生活必需品については臨時価格調整を行い，鋼材，ガラス，セメントなどの価格については，省物価局が指定された企業に指導を行い，5月12日の水準を超えないようにするとした。煉瓦，ガラス，セメント，木材などの復興に必要な建材を生産する企業に対しては，市あるいは自治州により価格調整が行われるとした。また輸送価格については省物価局と省交通庁が価格調整を行うとした。その上で違法行為については厳しく対処するとした[38]。内モンゴル自治区でも発改委が会議を開催し，各地方の発改委が参加した。そこでも世界的な物価上昇圧力に直面するなかで，石炭を確保し被災地を支援することが表明された[39]。

　2008年の国慶節の前には，国家発改委が再度通知を出し，被災地の価格主管部門は生活必需品や建材などに対して，価格監視を継続することを要求した。市場価格の異常な変動を発見した場合はすぐに対処し，突発的な事態が発生した場合は当地の政府および上級の価格主管部門に報告するとした[40]。国慶節後の通知でも再度各級の価格主管部門に対し，復興期間における重要商品の市場価格の安定工作を継続するよう要求した。そして，資金面でサポートすることで，大型のセメント企業が省エネ基準に適合する生産ラインを建設し，被災地でのセメントや煉瓦，ガラスの生産を保障すること，電気，ガス，運輸価格を優待し，化学肥料の生産をサポートして価格を安定させること，鋼材やガラスなどの重要物資の生産と販売部門を協調させ，価格を安定させること，各種の農業サポート政策の実施によって農業再建を促進し，農産物の価格を安定させること，水および電気の供給を保障するため，地方政府は状況に応じて被災者の電気，水道料金を補助すること，石炭生産部門に生産の拡大を促し，電力，化学肥料，セメントなどの重要部門や被災地の重点地域に石炭の供給を保障すること，復興期間中は交通運輸部門を優待し，料金を下げさせることで輸送コストを削減することなどを要求した[41]。

　12月に入り，13日には国家発改委が全国物価局長会議を開催し，そこで四川省物価局が震災後の物価調整工作を総括し，被災地の物価状況は基本的に安定していると報告した。実施方法については，即時的に臨時価格調整を実

施し，価格上昇を抑制したこと，法執行メカニズムを刷新し，市場価格秩序を規範化したこと，価格監督を実施し，サービス価格を決定したこと，被災地の建材価格を安定させ，復興活動を支援したことなどを挙げ，また価格調整工作の実施においては公安や武装警察，商工などの各部門と協調して進めたことを述べている[42]。23日からは国家発改委が主導して全国価格監督検査工作会議を開催し，各省，直轄市，自治区，計画単列市，副省級市の発改委，物価局，価格監督検査局の関係者が参加した。そこでは，2008年1月から11月までの復興活動を含む価格監督検査活動全体の統計として，全国で価格違法案件を5万5000件摘発し，制裁金は20億元に達したとされた[43]。

このように四川省において物価は基本的に安定しているとされたが，2009年以降も，1月には国家発改委が通達を出し，復興物資の供給を保障し，価格監督を強化するとしている。ここでは，鋼材，セメント，ガラス，木材，煉瓦などについて，これまでと同様に各地方の価格主管部門が臨時価格調整を行うことを要求している[44]。春節の期間においても，国家発改委は各級政府の価格主管部門の価格調整工作により，市場価格の秩序が有効的に保たれているとして，うち四川省においては省物価局が被災地に建材価格検査指導組を派遣し，建材価格の監督検査を指導し，建材の市場価格を安定させたとした。また，成都市物価局は復興用の煉瓦を主とする建材の価格を重点的に検査したとした[45]。

では，実際に各地方の価格主管部門がどのように価格動向を調査し，調整を行なっているのだろうか。ここでは具体例として第1に，四川省綿陽市の状況をみていく。綿陽市では震災発生直後の5月13日以降，価格監視検査グループを5つ結成し，市内各所を回って価格動向の調査を始めている。5月末までにのべ830人余りが出動し，のべ3015軒の商店を調査し，「価格違法行為行政処罰規定」などを5200部配布し，受理した通報は2600件，うち56件を摘発し，改善通知書を550部送付し，科した罰金は16万元余りとなった[46]。たとえば綿陽市塩亭県では通報により県物価局が県内のガソリンスタンドを調査したところ，ガソリンおよび軽油が政府の既定の価格よりそれぞれ0.32

元，0.21元上昇しており，これを違法行為と認定して1万6000元の罰金を科したとしている。梓潼県でも物価局が長距離路線バスの運賃を値上げしていた会社に対し1000元の罰金を科し，当該のバスを営業停止処分にしている[47]。また綿陽市の科学城轄区でも通報により物価局が区内のレストランを調査し，朝食価格を2倍に値上げして提供していたことを確認した上で，工商，公安部門と連合で詳細を調査し，当該レストランを営業停止処分および罰金5000元を科した[48]。

　もうひとつは甘粛省隴南市の事例である。隴南市では5月13日に物価局が「価格違法行為打撃行動実施方案」[49]と「価格違法行為打撃行動に関する通告」[50]を出し，政府の各部門と協力して違法な価格つり上げなどを調査し，厳しく処罰する方針を明確にしている。5月14日には隴南市成県の物価局が県内の業者がテントの価格を引き上げ，2万9800元の違法収入を得ていたとして，経営者に原価により販売するよう指示し，違法収入を没収した上で，違法収入の3倍の罰金を科すことを決定した。同様に隴南市文県でも食品，飲料などの価格が高騰したため，物価局と工商部門が調査を行い，小籠包の価格を引き上げていた店舗に対し1000元，朝食の価格を引き上げていた店舗に500元の罰金を科すことを決定した[51]。その後も隴南市物価局は精力的に物価調整の活動を続け，6月25日に市党委，政府より「5.12抗震救災先進単位」として表彰された[52]。7月には上半期の物価調整活動の総括が行われ，震災後の復興活動における物価調整については，5月13日以降，全市物価部門でのべ5000人余りを動員し，市場，スーパー，商店，駅，ガソリンスタンドなどを調査し，処理した違法価格案件は35件，処罰金額は14万620元，経済制裁（罰金など）は5万9420元に上ったとした[53]。

　ここまで地震発生後から2009年初頭までの被災地を中心とした物価調整における国家発改委および地方レベルの発改委が果たした役割をみてきたが，その内容を以下にまとめる。上述のように復興活動において国家発改委はおもにインフラの再建を重点的に担当することになったが，被災地に食料，水，医療用品などの生活必需品や鋼材，セメント，ガラスなどの建材を確保でき

なければ，当然復興活動にも支障をきたすことになる。被災地にこれらの物資が集中的に必要とされるなかで，価格上昇圧力にさらされることになり，さらに2008年の世界的な原油高などがこの圧力に拍車をかけることになった。国家発改委は被災地への安定的な物資供給と被災者の負担を減少させるため，地震発生直後から「価格法」を根拠に何度も物価上昇を抑制するよう通知を出している。これは国家発改委がその職責として重要商品の価格決定を行う権限を有していることによるものであるが，大規模な災害後の復興活動という状況下で，その権限を重点的に活用したといえよう。そして，通知を受けた後，省政府の価格主管部門，被災地である四川省，甘粛省，陝西省においては省物価局，それ以外の地域においても省物価局あるいは省発改委の価格部門がそれぞれの地域における物価調整活動の基本的方針を決定した[54]。各政府の価格主管部門は復興活動において必要な生活必需品や建材などについて市場価格を集中的に監視し，震災前の水準を超えてはならないとした。不当な価格つり上げがあった場合は，その業者に対して強制的に価格を下げさせるなどの措置をとる方針を明確化した。また価格つり上げについては一般からの電話などでの通報を奨励し，悪質な業者に対しては厳重に処罰し，メディアなどで社名を公表するなどの措置をとるとした。

　そして，市，県レベルの物価局が実際に現場での活動を主導した。事例からわかるように，典型的なパターンとしては物価局を中心として調査グループを結成し，管轄地域の市場，スーパー，ガソリンスタンド，駅などを重点的に巡回し，価格動向を調査する。あるいは，市民からの通報により不当な価格つり上げを行っている店舗，業者を調査した上で，違法行為と認定し，不当に得た利益を没収した上で，罰金を科すというものである。すなわち，物価調整に関していえば中央レベルで国家発改委が省レベルの発改委（物価局）に通達を出し，それをもとに省レベル発改委（物価局）が管轄下の市，県レベルの発改委（物価局）に方針を徹底し，市，県レベルの物価局など価格主管部門が実際に地域の価格動向の監視，摘発を行うという流れが明らかになった。

上述のような事例は紹介した地域以外でも，被災地である四川省，甘粛省，陝西省では震災発生以降半年程度の間に相当な数にのぼり，枚挙にいとまがないといいうる状況であった。各地方の物価局あるいは価格主管部門は震災以前から日常的に市場における物価動向を調査し，不当な価格操作があった場合は処罰するという活動を行ってきたが，震災後はこのような局面が集中的に現れたため，自らの権限を重点的に活用したといえよう。

第3節　その他の復興活動

　震災後の復興活動において，発改委が重点をおいたのが復興に必要な物資を確保するための物価の調整であったが，ここではそれ以外の復興活動において，発改委が果たした役割を前節と同様に地方レベルまで含めて分析する。
　たとえば地震後の5月下旬の段階で陝西省の物価局は国家発改委の通知に従い，省財政庁と連合で被災地の一部の行政事業性費用を減免する通知を出し，復興物資を輸送する車両の通行費を免除し，それ以外にも行政事業性費用を一部免除するとしている。具体的には都市インフラ整備における費用やその他の工事費，河川の修繕費，個人事業主の管理費や市場の管理費などが対象となり，各級政府の物価，財政部門に対して災害に乗じて徴収範囲を拡大したり，料金水準を引き上げたり，減免政策を実施しないなどといった違法行為を監視するよう要求した[55]。また，直接復興活動とかかわるわけではないが，四川省発改委は6月末に省政府の各部門と協議の上，政府と市場仲介組織（行業協会）を分離する工作案を出し，省発改委が主導して分離工作を進めている。これは復興活動の実施に当たり，行政経費を削減し，その体制を整えるという目的も加味されていると思われる[56]。同様に行政経費の削減という点では，重慶市発改委も部署内での経費削減を奨励し，監督を強化するとした。具体的な削減対象としては，会議経費の削減（頻度，会期，規模の抑制），接待および旅費の支出の圧縮，公用車の支出の圧縮，日用品管

理の強化（文具などの消耗品の節約およびペーパーレス化の奨励），庁舎内での節水節電の奨励，他地区や外国への出張の停止などである[57]。

インフラ整備との関連では四川省発改委は，復興活動に伴う公共工事などの入札に関して，省監察庁と合同で通知を出し，復興資金や募金，国有企業や事業単位の資金の使用を監督し，工事の質量を確保するとした。各市（州）レベルおよび県レベル（市，区）の審査状況については省発改委および省監察庁に報告するものとし，その内容をオンラインで公開するとした[58]。また，国家発改委は10月17日に交通運輸部，鉄道部，工業情報部，水利部，国家エネルギー局と合同でインフラ整備に関する個別計画を出した。そのなかでインフラ整備の範囲としては交通（高速道路，幹線道路，鉄道，航空），通信（通信，郵政），エネルギー（送電網，電源，石炭，石油ガス）および水利の4部門であるとし，四川，陝西，甘粛各省の被害の大きかった51県市区に，3年の期限内に合計1670億元投資するとした[59]。また，陝西省は海外の緊急借款の利用に関する会議を開催し，国家発改委の利用外資境外投資司が指導を行った。会議は陝西省発改委外資処が主催し，漢中および宝鶏市の発改委と寧強，略陽，勉県，陳倉区の関連部門および省財政庁，省外貸弁が参加した。このなかで国家発改委は1億ドルの借款を表明し，被災県で16の交通，教育プロジェクトにおいて使用するとした。これは陝西省発改委外資処が責任をもち，具体的な実施については省外貸弁が責任をもつとした[60]。甘粛省では「地震災害復興項目管理弁法」により復興活動のプロジェクトの管理が厳格化され，このなかで国家発改委および政府により審査されるプロジェクトについては国家に報告し批准を得ること，審査権が省内の政府にあるプロジェクトについては，総投資が1000万元以下のプロジェクトは市および州政府により審査，1000万元から2000万元までについては省の主管部門が審査，2000万元以上は省発改委が審査するとされ，また省が有するプロジェクトについては総投資1000万元以下は省の主管部門が，それ以上は省発改委が審査するとした[61]。

また，この地域の特徴である少数民族に関連した活動としては，国家発改委が建設部，文化部，国家文物局と合同で四川省の汶川県，北川県を訪れ，

羌族の文化遺産の保護状況について調査した。羌族は人口約30万人で，四川省阿壩チベット族羌族自治州の茂県，汶川県，理県および綿陽市の北川羌族自治県の居住しており，遺跡や文物以外にも言語や手芸，音楽などは歴史的価値が高いとされる。今回の震災で羌族の居住地も大きな被害を受けたことから現地を調査し，文化財の被害状況などを確認した上で，今後どのように保護すべきかなどの対策を検討するとした[62]。

このようにみると，体制構築や物価調整以外にも国家発改委および各級地方政府の発改委は復興支援のための行政の経費節減から，少数民族の文化財保護，インフラ整備体制の構築など，幅広い範囲で復興活動にかかわっているといえよう。そして前二者と同様に国家発改委が指示や通知を出し，省発改委を中心に各地方で実施徹底していくといった実態がみられる。内容によっては財政部系統やその他の関連部門（監察庁や建設部など）とも適宜連携しながら対応しているが，全体としては発改委系統が主導権を掌握しているのではないかと思われる。

おわりに

2008年5月の四川大地震以後の復興活動において発改委は自らがもつ広範囲にわたる権限を生かし，各方面での活動を主導した。すなわち，復興体制の構築においては関連各省庁をリードしつつ国家発改委と省発改委の相互作用を通して復興計画を作成し，物価調整においても国家発改委の通知を受けて，省発改委（物価局）が徹底し，市・県発改委（物価局）が監視，摘発を行うといったように，地方レベルの発改委あるいは物価局がその権限を重点的に活用した。それ以外のさまざまな活動においても国家発改委と省発改委が主導する場面がみられた。これは発改委が日常的に中国の経済運営や行政において省庁横断的で広範な権限をもっていることによるものであり，日本の東日本大震災後の状況と比較しても，復興行政を迅速に展開していく上で

好影響をもたらしたといえよう。

　また，物価調整に関していえば，とくに便乗値上げなどのように不当な価格つり上げを行なっている個々の業者や店舗に対して強制的に価格を下げさせるといった権限をもっている。第1章でも述べたように，第一次オイルショック後の日本でも類似の状況が見られたが，現在の日本で行政がこのような対応をとることは想定し難い[63]。上記のような中国の現状が市場経済の発展段階によるものなのか，それとも中国固有の質によるものなのかについては，更なる検討が必要となろう。それを考察する上で，市場経済化を進めるなかで広範かつ強大な権限をもつ発改委の存在がひとつのヒントとなろう。

〔注〕

(1) 「关于国务院抗震救灾总指挥部工作组组成的通知」http://www.gov.cn/jrzg/2008-05/19/content_981852.htm（2014/ 4 /23確認）
(2) 「一切为了灾区全力支援灾区—各方面紧急行动支援抗震救灾工作」http://xwzx.ndrc.gov.cn/mtfy/zymt/200805/t20080519_211632.html（2014/ 4 /23確認）
(3) 「认真贯彻胡锦涛总书记指示 四川省发展改革委抗震救灾工作点，线，面总体推进」http://www.ndrc.gov.cn/dffgwdt/200805/t20080519_211676.html（2014/ 4 /23確認）
(4) 「四川各地发展改革委积极投身抗震救灾工作」http://www.ndrc.gov.cn/dffgwdt/200805/t20080520_212065.html（2014/ 4 /23確認）
(5) 「四川省发展改革委安排部署灾后重建工作」http://www.ndrc.gov.cn/dffgwdt/200805/t20080521_212404.html（2014/ 4 /23確認）
(6) 「国家汶川地震灾后重建规划工作正式启动」http://xwzx.ndrc.gov.cn/mtfy/dfmt/200806/t20080603_215962.html（2014/ 4 /23確認）
(7) 「国家汶川地震灾后重建工作方案确定」http://www.ndrc.gov.cn/xwzx/xwfb/200806/t20080613_217060.html（2014/ 4 /23確認）
(8) 「汶川地震灾后恢复重建条例」http://www.gov.cn/zwgk/2008-06/09/content_1010710.htm（2014/ 4 /23確認）
(9) 「国家汶川地震灾后重建规划组召开第二次会议」http://www.ndrc.gov.cn/xwzx/xwfb/200806/t20080616_217478.html（2014/ 4 /23確認）
(10) 「国家发展改革委副秘书长杨伟民一行来陕西调研灾情及灾后重建规划情况」http://www.ndrc.gov.cn/dffgwdt/200806/t20080624_219889.html（2014/ 4 /23確認）
(11) 「国家发展改革委穆虹副主任调研指导甘肃省灾后重建规划编制工作」http://

⑿　「穆虹副主任帯队到甘肃，陕西調研了解灾后恢复重建規划进展情况」http://www.ndrc.gov.cn/gzdt/200807/t20080715_224449.html（2014/ 4 /23確認）
⒀　「国家汶川地震灾后重建規划組召开第三次全体会議」http://www.ndrc.gov.cn/tpxw/200807/t20080715_224454.html（2014/ 4 /23確認）
⒁　「四川省通过汶川地震灾后恢复重建总体規划」http://politics.people.com.cn/GB/14562/7538855.html（2014/ 4 /23確認）
　　「甘肃省发展改革委赴北京报送灾后重建規划」http://www.ndrc.gov.cn/dffg-wdt/200807/t20080729_228001.html（2014/ 4 /23確認）
　　「关于召开《汶川地震陕西省灾后恢复重建总体規划》衔接会的通知」http://www.sndrc.gov.cn/view.jsp?ID=10437（2014/ 4 /23確認）
⒂　「发改委就汶川地震灾后恢复重建总体規划答问」http://xwzx.ndrc.gov.cn/mtfy/wlmt/200808/t20080815_230997.html（2014/ 4 /23確認）
⒃　「国务院关于印发汶川地震灾后恢复重建总体規划的通知」http://www.gov.cn/zwgk/2008-09/23/content_1103686.htm（2014/ 4 /23確認）
⒄　「四川省发展改革委召开灾后恢复重建規划实施和項目推进工作会議」http://www.ndrc.gov.cn/dffgwdt/200809/t20080928_239136.html（2014/ 4 /23確認）
⒅　「国务院汶川地震灾后恢复重建工作协調小组成立」http://xwzx.ndrc.gov.cn/mtfy/zymt/200812/t20081202_249720.html（2014/ 4 /23確認）
⒆　「甘肃省汶川地震灾后恢复重建专項实施規划全部出台」http://www.ndrc.gov.cn/dffgwdt/200902/t20090201_258844.html（2014/ 4 /23確認）
⒇　「甘肃省灾后恢复重建工作順利开展」http://xbkfs.ndrc.gov.cn/zhcj/200904/t20090423_274396.html（2014/ 4 /23確認）
(21)　「四川省"5・12"汶川特大地震灾后恢复重建情况通报」http://news.cctv.com/china/20090507/105034.shtml（2014/ 4 /23確認）
(22)　「国家发展改革委副主任穆虹同志出席国务院新闻办举行新闻发布会介绍汶川特大地震灾后恢复重建进展情况并回答中外记者提问」http://xbkfs.ndrc.gov.cn/gzdt/200905/t20090511_277762.html（2014/ 4 /23確認）
(23)　国家発改委の主要な任務として、「財政，金融方面の状況を取りまとめて分析し，財政政策，金融政策および土地政策の制定に参与し，価格政策を制定，実施する。（中略）少数の国家管理の重要商品価格および重要料金水準を制定，調整し，法により価格違法行為および価格独占行為を取り締まる責任を有する」とされている。
　　http://www.ndrc.gov.cn/zwfwzx/jj/（2014/ 4 /23確認）また，「中華人民共和国価格法」第14条において経営者が他の業者との不当な価格取り決めやデマの散布などの不当な手段を用いて価格を操作することを禁止している。「中華人民共和国価格法」（中国政府网 http://www.gov.cn/banshi/2005-09/12/content_69757.

htm（2014/ 4 /23確認））
⑳ 「国家発展改革委部署進一步加強抗震救灾物資价格監管工作」http://www.ndrc.gov.cn/xwzx/xwfb/200805/t20080523_212924.html（2014/ 4 /23確認）
㉕ 「陝西省价格主管部門緊急行動加強抗震救灾期間价格監督検査工作」http://www.ndrc.gov.cn/fzgggz/jggl/zhdt/200805/t20080523_213254.html（2014/ 4 /23確認）
「陝西省物价局积极做好抗震救灾期間价格監管工作」http://xwzx.ndrc.gov.cn/mtfy/wlmt/200806/t20080603_215980.html（2014/ 4 /23確認）
㉖ 「甘肃省物价局部署加強抗震救灾物資价格監管」http://zys.ndrc.gov.cn/xwfb/200805/t20080524_213267.html（2014/ 4 /23確認）
㉗ 「甘肃省委副书記到省物价局視察指導抗震救灾期間价格監管工作」http://xwzx.ndrc.gov.cn/xwfb/200805/t20080530_215553.html（2014/ 4 /23確認）
㉘ 「四川省物价局発出緊急通知加強抗震救灾物資价格監管」http://xwzx.ndrc.gov.cn/xwfb/200805/t20080527_214194.html（2014/ 4 /23確認）
㉙ 「云南省召开救灾物資生産企業价格政策提醒告誡会」http://jjs.ndrc.gov.cn/gzdt/200805/t20080527_214013.html（2014/ 4 /23確認）
㉚ 「山東省加強救灾帐篷和过渡安置房及主要原材料生産供应調度和价格監管」http://www.ndrc.gov.cn/rdztnew/kzjzkx/200805/t20080529_214519.html（2014/ 4 /23確認）
㉛ 「辽宁，吉林，天津，上海，江苏，湖北加強対救灾帐篷过渡安置房及主要原材料价格監管」http://xwzx.ndrc.gov.cn/xwfb/200805/t20080531_215678.html（2014/ 4 /23確認）
㉜ 「四川省物价局抗震救灾价格監管新聞発布稿」http://www.scpi.gov.cn/content/content.aspx?Key1=77&Id=8274（2014/ 4 /23確認）
㉝ 「国家発展改革委発出通知要求保障地震灾后重建物資供应加強价格監管」http://www.ndrc.gov.cn/xwzx/xwfb/200806/t20080611_216710.html（2014/ 4 /23確認）
㉞ 「発改委：受灾地区主要食品价格基本穏定」http://xwzx.ndrc.gov.cn/mtfy/wlmt/200806/t20080616_217547.html（2014/ 4 /23確認）
㉟ 「关于严格控制成品油电力价格調整連鎖反应保持市場价格基本穏定的通知」http://bgt.ndrc.gov.cn/zcfb/200806/t20080623_499034.html（2014/ 4 /23確認）
「国家発展改革委关于提高华中电网电价的通知」http://bgt.ndrc.gov.cn/zcfb/200807/t20080702_499045.html（2014/ 4 /23確認）
「国家発展改革委关于提高西北电网电价的通知」http://bgt.ndrc.gov.cn/zcfb/200807/t20080702_499043.html（2014/ 4 /23確認）
㊱ 計画単列市は，経済および社会発展の諸項目について省の計画から独立し，単独で全国計画に編入される。計画単列市は経済管理上，省レベルに相当す

第 5 章　2008年四川大地震後の復興活動において国家および地方の発展改革委員会の果たした役割　145

　　る権限を有し，全国的な会議に省と並んで参加する。
(37)　「国家発展改革委研究部署稳定市场物价，推进价格公共服务和法制工作」
　　http://xwzx.ndrc.gov.cn/xwfb/200807/t20080714_224117.html（2014/ 4 /23確認）
　　「我委研究部署稳定市场物价，推进价格公共服务和法制工作」http://www.ndrc.
　　gov.cn/gzdt/200807/t20080717_224754.html（2014/ 4 /23確認）
(38)　「甘肃省出台加强灾区价格调控监管措施」http://www.ndrc.gov.cn/fzgggz/jggl/
　　jgqk/200808/t20080806_229941.html（2014/ 4 /23確認）
(39)　「内蒙古自治区发展改革委召开第二期改革发展研究班」http://www.ndrc.gov.
　　cn/dffgwdt/200808/t20080812_230459.html（2014/ 4 /23確認）
(40)　「国家发改委部署国庆节假日期间市场价格监管食品和灾区重建物资价格是监
　　管重点」http://xwzx.ndrc.gov.cn/mtfy/zymt/200809/t20080924_237957.html（2014/
　　4 /23確認）
(41)　「发改委：继续做好震后重建商品价格稳定」http://xwzx.ndrc.gov.cn/mtfy/
　　wlmt/200811/t20081110_245230.html（2014/ 4 /23確認）
(42)　「临危不乱 恪尽职守 奋力做好抗震救灾和稳定价格工作」http://www.ndrc.gov.
　　cn/fzgggz/jggl/jgqk/200812/t20081222_252666.html（2014/ 4 /23確認）
(43)　「强化价格监管与优化价格服务并举 促进经济平稳较快发展与社会和谐」
　　http://www.ndrc.gov.cn/xwzx/xwfb/200812/t20081224_253013.html（2014/ 4 /23確
　　認）
(44)　「发展改革委：保障地震灾后重建物资供应加强价格监管」http://xbkfs.ndrc.
　　gov.cn/zhcj/200901/t20090118_256878.html（2014/ 4 /23確認）
(45)　「元旦期间各地市场价格秩序平稳」http://www.ndrc.gov.cn/fzgggz/jgjdyfld/
　　scjg/200901/t20090122_257839.html（2014/ 4 /23確認）
(46)　「加大价格执法力度为抗震救灾营造良好价格环境」http://www.scpi.gov.cn/con-
　　tent/content.aspx?Key1=77&Id=8281（2014/ 4 /23確認）
(47)　「绵阳市物价部门严厉打击乱涨价行为」http://www.scpi.gov.cn/content/content.
　　aspx?Key1=77&Id=8263（2014/ 4 /23確認）
(48)　「绵阳科学城物价局对"蜀风圆"餐厅在抗震救灾期间哄抬物价行为进行严厉
　　处罚」http://www.scpi.gov.cn/content/content.aspx?Key1=77&Id=8271（2014/ 4 /
　　23確認）
(49)　「陇南市物价局关于地震灾后严厉打击价格违法行为专项行动实施方案」
　　http://www.gswj.gov.cn/detail.asp?LMID=1&ID=7455&Class=102&FN=News
　　（2014/ 4 /23確認）
(50)　「陇南市关于地震灾后严厉打击价格违法行为的通告」http://www.gswj.gov.cn/
　　detail.asp?LMID=1&ID=7456&Class=102&FN=News（2014/ 4 /23確認）
(51)　「陇南市物价部门严厉打击哄抬物价行为，震后市场物价保持平稳」 http://
　　www.gswj.gov.cn/detail.asp?LMID=1&ID=7634&Class=102&FN=News

⑸2 「陇南市物价局荣获全市抗震救灾先进单位称号」http://www.gswj.gov.cn/detail.asp?LMID=1&ID=8034&Class=102&FN=News（2014/4/23確認）
⑸3 「陇南市物价局2008年上半年全市物价工作简结」http://www.gswj.gov.cn/detail.asp?LMID=1&ID=8133&Class=102&FN=News（2014/4/23確認）
⑸4 震災当初は地方政府の価格主管部門は「物価局」となっているところが多かったが，四川，甘粛，陝西のように大半の政府では2009年以降の地方レベルの「大部制」改革の中で，発改委の下に価格主管部門も統合されたものと思われる。
⑸5 「陕西省减免地震灾区部分行政事业性收费」http://www.ndrc.gov.cn/fzgggz/jggl/jgqk/200805/t20080527_213896.html（2014/4/23確認）
⑸6 「四川省发展改革委推进政府与市场中介组织（行业协会）脱钩工作」http://www.ndrc.gov.cn/dffgwdt/200806/t20080626_220168.html（2014/4/23確認）
⑸7 「重庆市发展改革委厉行节约压缩开支 以实际行动支援抗震救灾」http://www.ndrc.gov.cn/dffgwdt/200807/t20080717_224728.html（2014/4/23確認）
⑸8 「四川省发展和改革委员会四川省监察厅关于印发灾后重建工程建设项目招投标情况备案报表的通知」http://www.sccin.com.cn/WebSiteInfo/AdministrativeInfo/LV3-FFNR.aspx?lawid=0339F77D-A87B-4851-A0D6-04D506F3E12F（2014/4/23確認）「四川省发展改革委指导抗震救灾和灾后重建招投标有关工作」http://www.paihang360.com/zt/ztbjj/rdsj/tanchu.jsp?record_id=130632（2014/4/23確認）
⑸9 「《汶川地震灾后恢复重建基础设施专项规划》颁布实施」http://xwzx.ndrc.gov.cn/mtfy/wlmt/200811/t20081124_247522.html（2014/4/23確認）
⑹0 「陕西省召开灾后重建利用国外紧急贷款启动会」http://www.ndrc.gov.cn/dffgwdt/200811/t20081120_246671.html（2014/4/23確認）
⑹1 「甘肃省严格管理灾后重建项目」http://www.ndrc.gov.cn/dffgwdt/200901/t20090116_256819.html（2014/4/23確認）
⑹2 「我委会同有关部门近期对四川灾区羌族文化遗产保护状况进行调研」http://www.ndrc.gov.cn/gzdt/200809/t20080908_234897.html（2014/4/23確認）
⑹3 日本における「行政指導」とは「行政機関が特定の行政目的を実現するために，直接の法的な強制力によるのではなく，個人や公私の団体に対して任意の協力を求めて働きかけること」とされる（阿部齊 ほか1999）。

〔参考文献〕

＜日本語文献＞
阿部齊・内田満・高柳先男編 1999『現代政治学小辞典』（新版）有斐閣。
秦郁彦編 2001『日本官僚制総合事典1868-2000』東京大学出版会。

＜ウェブサイト＞
中国国家発展改革委員会ウェブサイト（http://www.ndrc.gov.cn/）。
陝西省物価局ウェブサイト（http://www.spic.gov.cn/）。
甘粛価格網（http://www.gswj.gov.cn/）。
四川発展改革委員会（http://www.scdrc.gov.cn/）。
中国政府网（http://www.gov.cn/）。
復興庁（http://www.reconstruction.go.jp）。

索引

【数字・アルファベット】

18期3中全会　66
WTO（世界貿易機関）　13, 19, 22, 41, 53, 54

【あ行】

インフラ　10, 44, 50, 72, 76, 77, 79, 81, 112, 114, 128-132, 137, 139-141
内モンゴル自治区　8, 9, 96, 97, 102, 113, 116, 118, 121, 135
雲南省　8, 9, 96, 101, 102, 113, 115, 116, 121, 133
延辺朝鮮族自治州　8, 9, 96, 97, 102, 113, 114, 118, 121

【か行】

外商投資産業指導目録　45, 48
科学技術部　53, 55-57, 59, 60, 62, 72, 83
価格主管部門　132-136, 138, 139
価格調整　132-136
価格法　9, 132, 134, 138
確認許可　43-46, 53
駆け引き　53, 61-64
環境保護部　20, 62
甘粛　9, 98, 101, 107, 128-134, 137-140
機構改革　4, 13-19, 22, 23, 34, 39, 48, 49, 52, 54, 89
業界団体　8, 57, 58, 62, 70, 81, 84, 86-89, 91
行政改革　6, 8, 11, 13, 14, 19, 21, 32, 69, 71, 76, 81, 84, 86, 89
協調　5, 7, 8, 23, 49-51, 58, 62, 63, 66, 70, 74, 77, 80, 81, 84, 90, 91, 100, 118, 119, 130, 131, 135, 136
計画経済　4-7, 10, 11, 13, 21, 23, 34, 40-42, 46, 52, 54, 65, 70, 91
経済実体　15, 17-19
工業情報化部　49-51, 53, 55, 58, 60, 62, 63
交通運輸部　20, 63, 72-74, 78, 83, 135, 140
興辺富民行動　106, 107
国土資源部　53
国務院　3, 4, 13-19, 22, 23, 34, 39, 43, 45, 46, 49, 50, 53, 54, 57-60, 69, 70, 74, 78, 92, 106, 107, 118, 128, 130, 131
国家計画委員会（国計委）　5-7, 10, 11, 13, 16, 18, 21-23, 31, 34, 39-41
国家エネルギー局　52, 140
国家経済委員会（国経委）　16, 22
国家経済貿易委員会（国家経貿委）　5, 6, 10, 18, 19, 22, 23, 31, 34, 48-51, 71, 75, 76
国家税務総局　62
国家電力監督管理委員会（電監会）　52
国家発展計画委員会（国発計委）　5, 6, 19, 22, 34
国家標準　85, 86, 89
国家民族事務委員会　8, 9, 96, 102-107, 109, 113, 114, 120

【さ行】

財政部　7, 10, 18, 22, 23, 59, 60, 62, 64, 74, 102, 104, 106, 107, 130, 131, 139, 141
産業構造調整指導目録　48
市場経済　5-7, 10, 11, 13, 15, 16, 18, 19, 23, 33, 41, 42, 46, 91, 142
四川大地震　9, 32, 127, 141
自動車工業協会　58, 59
自動車工業産業政策　49, 63, 64
順徳　20, 21, 33
商務部　19, 23, 41, 53, 54, 62, 63, 72-74, 76, 78, 81, 86, 88
新疆ウイグル自治区　8, 9, 96-99, 101, 102, 104, 107-114, 116, 118-121
新疆工作座談会　101, 110
新疆生産建設兵団　8, 9, 96, 102, 107-113, 120
審査承認権　53, 54

政企分離　15, 17, 18, 84
政策文書　60, 70, 71, 73-75, 78, 79, 85, 91
政治体制改革　16
政府機構改革　15-18, 39, 48, 49, 52, 54
政府機能　15-19
西部大開発　8, 95, 101-103, 107-110, 112-116, 118, 120
全国人民代表大会　4, 63, 81, 83, 90, 91
陝西　18, 101, 102, 107, 128-134, 138-140

【た行】

大部制　19-21
地方政府　7, 8, 18, 42, 45-47, 54, 58, 60, 64, 65, 69-71, 73-77, 79, 84, 91, 135, 141
中央政府　39, 79, 80, 84, 90, 107, 111, 112
中央民族工作会議　100, 106
中国人民銀行　6, 7, 10, 18, 22, 23, 62, 106
調整　8-11, 15, 21, 23, 31, 33, 34, 48-51, 55, 57, 58, 60, 69-71, 73, 74, 76-80, 84, 91, 107, 118, 119, 127, 130-139, 141, 142

鉄鋼業産業政策　49, 63
投資体制改革　43
党政分業　15, 16
党政分離　16, 17, 19-21
党政連動　20, 21, 33
届出　43, 46

【は行】

物価局　33, 132-139, 141
復興　9, 10, 32, 33, 127-132, 134-141
物流行政　8, 70, 80, 84
物流業政策　69-72, 74-77, 79, 84-86, 89, 91
汶川　107, 128-131, 140, 141

【ま行】

マクロ・コントロール　6, 7, 10, 11, 15-19, 22, 23, 31, 33, 34, 39, 48, 49, 53-55, 65, 66, 118
民漢合校　111
民族自治地方　96, 97, 99, 100, 107, 108, 115

複製許可およびPDF版の提供について

 点訳データ，音読データ，拡大写本データなど，視覚障害者のための利用に限り，非営利目的を条件として，本書の内容を複製することを認めます。
出版企画編集課転載許可担当に書面でお申し込みください。

〒261-8545　千葉県千葉市美浜区若葉3丁目2番2
日本貿易振興機構 アジア経済研究所
研究支援部出版企画編集課　転載許可担当宛
http://www.ide.go.jp/Japanese/Publish/reproduction.html

 また，視覚障害，肢体不自由などを理由として必要とされる方に，本書のPDFファイルを提供します。下記のPDF版申込書（コピー不可）を切りとり，必要事項を記入したうえ，出版企画編集課 販売担当宛ご郵送ください。折り返しPDFファイルを電子メールに添付してお送りします。

 ご連絡頂いた個人情報は，アジア経済研究所出版企画編集課（個人情報保護管理者－出版企画編集課長 043-299-9534）が厳重に管理し，本用途以外には使用いたしません。また，ご本人の承諾なく第三者に開示することはありません。

アジア経済研究所研究支援部 出版企画編集課長

PDF版の提供を申し込みます。他の用途には利用しません。

佐々木智弘編『変容する中国・国家発展改革委員会――機能と影響に
　関する実証分析――』
　　研究双書No. 617　2015年

住所 〒

氏名：　　　　　　　　　　　年齢：
職業：
電話番号：
電子メールアドレス：

佐々木智弘（防衛大学校准教授）

渡辺　直土（近畿大学非常勤講師）

趙　　英（中国社会科学院研究員）

大西　康雄（アジア経済研究所新領域研究センター上席主任調査研究員）

星野　昌裕（南山大学教授）

——執筆順——

変容する中国・国家発展改革委員会
——機能と影響に関する実証分析——　　研究双書No.617

2015年2月20日発行　　　　定価［本体1900円＋税］

　編　者　佐々木智弘

　発行所　アジア経済研究所
　　　　　独立行政法人日本貿易振興機構
　　　　　〒261-8545　千葉県千葉市美浜区若葉3丁目2番2
　　　　　研究支援部　電話　043-299-9735
　　　　　　　　　　　FAX　043-299-9736
　　　　　　　　　　　E-mail syuppan@ide.go.jp
　　　　　　　　　　　http://www.ide.go.jp

　印刷所　日本ハイコム株式会社

Ⓒ独立行政法人日本貿易振興機構アジア経済研究所 2015

落丁・乱丁本はお取り替えいたします　　　無断転載を禁ず
ISBN978-4-258-04617-1

「研究双書」シリーズ

(表示価格は本体価格です)

No.	タイトル	概要
616	**アジアの生態危機と持続可能性** 大塚健司編　2015年　近刊	アジアの経済成長の周辺に置かれているフィールドの基層から、長期化する生態危機への政策対応と社会対応に関する経験知を束ねていくことにより、「サステイナビリティ論」の新たな地平を切り拓く。
615	**ココア共和国の近代** コートジボワールの結社史と統合的革命 佐藤章著　2015年　近刊	アフリカにはまれな「安定と発展の代名詞」と謳われたこの国が突如として不安定化の道をたどり、内戦にまで至ったのはなぜか。世界最大のココア生産国の1世紀にわたる政治史からの問いに迫る、本邦初のコートジボワール通史の試み。
614	**「後発性」のポリティクス** 資源・環境政策の形成過程 寺尾忠能編　2015年　223p.　2,700円	後発の公共政策である資源・環境政策の後発国での形成を「二つの後発性」と捉え、東・東南アジア諸国と先進国を事例に「後発性」が政策形成過程に与える影響を考察する。
613	**国際リユースと発展途上国** 越境する中古品取引 小島道一編　2014年　286p.　3,600円	中古家電・中古自動車・中古農機・古着などさまざまな中古品が先進国から途上国に輸入され再使用されている。そのフローや担い手、規制のあり方などを検討する。
612	**「ポスト新自由主義期」ラテンアメリカにおける政治参加** 上谷直克編　2014年　258p.　3,200円	本書は、「ポスト新自由主義期」と呼ばれる現在のラテンアメリカ諸国に焦点を合わせ、そこでの「政治参加」の意義、役割、実態や理由を経験的・実証的に論究する試みである。
611	**東アジアにおける移民労働者の法制度** 送出国と受入国の共通基盤の構築に向けて 山田美和編　2014年　288p.　3,600円	東アジアがASEANを中心に自由貿易協定で繋がる現在、労働力の需要と供給における相互依存が高まっている。東アジア各国の移民労働者に関する法制度・政策を分析し、経済統合における労働市場のあり方を問う。
610	**途上国からみた「貿易と環境」** 新しいシステム構築への模索 箭内彰子・道田悦代編　2014年　324p.　4,200円	国際的な環境政策における途上国の重要性が増している。貿易を通じた途上国への環境影響とその視座を検討し、グローバル化のなか実効性のある貿易・環境政策を探る。
609	**国際産業連関分析論** 理論と応用 玉村千治・桑森啓編　2014年　251p.　3,100円	国際産業連関分析に特化した体系的研究書。アジア国際産業連関表を例に、国際産業連関表の理論的基礎や作成の歴史、作成方法、主要な分析方法を解説するとともに、さまざまな実証分析を行い、その応用可能性を探る。
608	**和解過程下の国家と政治** アフリカ・中東の事例から 佐藤章編　2013年　302p.　3,700円	紛争勃発後の国々では和解の名のもとにいかなる動態的な政治が展開されているのか。そしてその動態が国家のあり方にどのように作用するのか。綿密な事例研究を通して紛争研究の新たな視座を探究する。
607	**高度経済成長下のベトナム農業・農村の発展** 坂田正三編　2013年　236p.　2,900円	高度経済成長期を迎え、ベトナムの農村も急速に変容しつつある。しかしそれは工業化にともなう農村経済の衰退という単純な図式ではない。ベトナム農業・農村経済の構造的変化を明らかにする。
606	**ミャンマーとベトナムの移行戦略と経済政策** 久保公二編　2014年　177p.　2,200円	1980年代末、同時期に経済改革・開放を始めたミャンマーとベトナム。両国の経済発展経路を大きく分けることになった移行戦略を金融、輸入代替・輸出志向工業、農業を例に比較・考察する。
605	**環境政策の形成過程** 「開発と環境」の視点から 寺尾忠能編　2013年　204p.　2,500円	環境政策は、発展段階が異なる諸地域で、既存の経済開発政策の制約の下、いかにして形成されていったのか。中国、タイ、台湾、ドイツ、アメリカの事例を取り上げ考察する。
604	**南アフリカの経済社会変容** 牧野久美子・佐藤千鶴子編　2013年　323p.　4,100円	アパルトヘイト体制の終焉から20年近くを経て、南アフリカはどう変わったのか。アフリカ民族会議(ANC)政権の政策と国際関係に着目し、経済や社会の現状を読み解く。